AF391296

6ᵉ LIVRAISON
—∞—
Un Monsieur qui a la vue basse.
Mon Ami l'Habit vert.

DEUX PIÈCES
VINGT CENTIMES

THÉATRE POUR TOUS
88, Boulevard Beaumarchais, 88
ET CHEZ TOUS LES LIBRAIRES

UN MONSIEUR QUI A LA VUE BASSE

VAUDEVILLE EN UN ACTE

DE M. CHARLES CABOT.

Représenté pour la première fois, à Paris, sur le théâtre de la Gaîté, le 28 février 1858.

DISTRIBUTION DE LA PIÈCE

BONAMI	MM. Alexandre.		UN JARDINIER	M. Victor.
FÉLICIEN	Francisque jeune.		MATHILDE	Mᵐᵉ Marie-Clarisse.
JULES GAVET	Gaston.		TOINETTE	Maria.

La scène se passe dans une petite ville de Normandie, à Sommerville, dans la maison de campagne de Bonami.

S'adresser, pour la mise en scène, à M. CABOT, régisseur général du théâtre de la Gaîté.

Droits de représentation, de reproduction et de traduction réservés.

Le théâtre représente une salle à manger. — A droite et à gauche une porte. — Au fond trois portes-fenêtres donnant sur un jardin qu'on aperçoit. — Petite table à ouvrage, fauteuils, chaises, etc.

—

SCÈNE PREMIÈRE.

BONAMI, MATHILDE. (*Ils sont assis chacun d'un côté de la scène. Bonami lit le journal. Mathilde brode*).

BONAMI. Quelle tranquillité! quelle paisibilité! ce pays est charmant!... Ah! j'ai bien fait de venir nous établir ici... jamais le moindre événement, jamais la plus petite querelle!... Tout le monde dort la porte ouverte.

MATHILDE. Mon père, il se fait tard, et votre voiture n'est pas encore revenue.

BONAMI. C'est que le chemin de fer est en retard, ou bien il est arrivé un accident.

MATHILDE. Ah! mon Dieu!

BONAMI. Rassure-toi; ma voiture est en dehors de la station... C'est ma plus belle que j'ai envoyée... J'ai voulu faire honneur à mon hôte, ce cher Félicien.

MATHILDE. Est-il bien, ce monsieur?

BONAMI. Fort bien! un gros joufflu... c'est mon filleul... Il doit avoir trente ans aujourd'hui. Il a perdu son père et sa mère, ce pauvre enfant! C'est le fils de mon ancien associé.

MATHILDE. Alors, vous dites qu'il est bien, le fils de votre associé?

BONAMI. Oui, je te dis, un gaillard, un gros joufflu.

MATHILDE. Joufflu?

BONAMI. Après ça, il peut être changé depuis que je ne l'ai

vu... Voyons donc... (*Cherchant.*) Il a trente ans... ça fait...
c'est ça; il y a vingt-neuf ans et demi que je ne l'ai vu, puisqu'il
a été baptisé à six mois... mais tous les ans il m'écrit. J'ai encore reçu dernièrement une lettre de lui; il est riche, il est
lancé dans les affaires, il me l'a écrit et... il voudrait se marier... mais il veut me demander conseil.

MATHILDE. Ah!

BONAMI. A te dire le vrai, j'avais un peu pensé à toi. Tu as
dix-huit ans, et dame! Mais tu comprends bien que cela était
toujours subordonné à ton approbation. Il ne faut pas marier
les filles contre leur gré. Gardons-nous-en, bon Dieu! gardons-
nous-en bien!

AIR : *Quand l'amour naquit à Cythère.*

> J'ai vu, dans une comédie,
> Un exemple fort éloquent,
> C'était une fille jolie
> Qu'on mariait sans son agrément.
> En la voyant soumise et pieuse,
> On se disant : Tout est au mieux;
> Mais à la fin, la malheureuse,
> Rendait son époux...

MATHILDE (*parlé*). Quoi?

BONAMI, *chantant.*

> Malheureux.
> Mais à la fin, la malheureuse,
> Rendait son époux malheureux.

Du reste, ma fille, tu le verras, puisqu'il va arriver.

MATHILDE. Mon Dieu, mon père, je vous sais bien du gré de
penser à moi... mais est-ce bien utile de me marier? est-ce au
moins bien pressé?

BONAMI. Pressé? dame! tu dois le savoir mieux que moi. Du
reste, comme je te l'ai dit, tu es parfaitement libre de faire et
de dire à ta fantaisie. Seulement, je suis moins désintéressé que
tu ne le crois.

MATHILDE. Comment?

BONAMI. Tu vas voir. Ta pauvre mère, en mourant, m'a laissé
un procès concernant le bois de Gervillers, à un quart de lieue
d'ici. Cette propriété, provenant de l'héritage de son parrain,
lui est contestée par je ne sais qui, une espèce d'intrigant qui m'a
fait jouer mille tours par son chargé d'affaires, qui, sans respect
pour ma qualité d'adjoint au maire, me fait tourner en bourrique,
et... tu vas voir... je pensais qu'en te mariant je me débarrasse-
rais de tous ces tracas au bénéfice de mon gendre... Cependant...

MATHILDE. Mais, mon père...

BONAMI. Laissez, Mathilde, laissez continuer votre père. Cependant, disais-je, ce n'est qu'un projet. Depuis quelque temps, cet
homme d'affaires reste coi... j'ai profité de son silence, et j'espère gagner mon procès... Ainsi, fais donc comme tu voudras;
Félicien va venir, s'il te plaît, épouse-le; sinon... flanquons-le
à la porte.

MATHILDE. Je m'en rapporte à vous.

BONAMI. Mathilde vous êtes une fille chérie... (*Mathilde va
reprendre sa broderie pendant que son père reprend son journal.*)
Ah! bon Dieu! bon Dieu!

MATHILDE. Qu'est-ce donc?

BONAMI. Je n'ose en croire mes oreilles... Écoute ce que je lis
dans le *Coléoptère de Normandie*... c'est atroce!

MATHILDE. Voyons!

BONAMI. Écoute : « Un fameux brigand qu'on recherche depuis
quinze cents ans... »

MATHILDE. Quinze cents ans?

BONAMI. Oui, quinze... Ah! non, je lis de travers. (*Reprenant.*)
» Un fameux brigand, qu'on recherche depuis quinze jours,
» vient d'arriver dans notre département. Cet homme, d'une
» audace et d'une cruauté qui rappellent Attila, le *fléau de Dieu*,
» sous Pharamond, est d'un extérieur charmant et agréable à
» l'œil. Sa voix, douce comme un accordéon, égare dans les
» bois les voyageurs. Il est mis avec recherche, et l'on s'accorde
» pour dire qu'il dévalise les gens avec énormément d'égards et
» de politesse. »

MATHILDE. Mais est-ce bien sûr, cela? C'est peut-être ce qu'on
appelle un canard?

BONAMI. Au fait, c'est vrai.

AIR du *Verre.*

> Dans les journaux on lit souvent
> Des choses vraiment impossibles :
> C'est un vol, un crime effrayant,
> Histoires affreuses, terribles.
> Pour moi, ce fait est un canard,
> Quoique le rédacteur l'atteste,
> Aux autres je laisse ma part,
> Car cet oiseau m'est indigeste.
> Non, je n'aime pas le canard,
> Car le canard m'est indigeste.

BONAMI, *lisant.* « Et de politesse,... Méfiez-vous, cependant... »
Tu vois bien... Méfiez-vous... « Fumeurs, le vrai papier à ciga-
» rettes, breveté sans garantie... » Je me trompe... Ah! j'y suis.
« Halte là! et ne passez pas sans prendre l'adresse des para-
» pluies. » Je me trompe encore; attends, attends!

MATHILDE, *riant.* Et dit-on l'adresse de ce fameux bandit?

BONAMI. Ne vous moquez point, ma chère... Son nom lui res-
semble; il est horrible : Jufianoff Karascoff. (*Il tombe dans la coulisse d'une voiture qui se brise.*) Oh! que c'est bête de faire des
peurs comme ça!

MATHILDE. Qu'y a-t-il? Je vais voir.

BONAMI. Du tout. J'y vais moi-même... Attends-moi ici.

SCÈNE II.

MATHILDE *seule.* (On entend rire.)

Ces rires me rassurent. Je brûle de connaître ce monsieur Félicien. Ce doit être drôle un homme qui vous fait la cour. Ah! je
voudrais bien savoir... Tiens, mais je suis curieuse... On dit
que c'est mal.

AIR de *Lauzun.*

> C'est vrai, la curiosité
> Doit être un vilaine chose,
> Puisque la pauvre humanité
> Se perdit pour la même cause.
> Eve eut grand tort, et cependant,
> Ne pouvant dire le contraire,
> Je l'excuse, car un enfant
> Ne sait pas renier sa mère.
> Puisque d'Eve je suis l'enfant,
> Je ne puis renier ma mère.

Et puis, c'est la moindre des choses que de connaître celui qui
veut devenir votre mari.

SCÈNE III.

MATHILDE, FÉLICIEN, TOINETTE, *entrant avec un
porte-manteau.*

FÉLICIEN, *à la cantonade.* Attends un peu, je vais t'annoncer.
(*Apercevant Mathilde.*) Ah! mille pardons, mademoiselle, croyez
que je ne vous avais pas aperçue, c'est impardonnable de ma
part... pure et fraîche comme la rosée du soir! (*A part.*) Assez
coquet le compliment!

MATHILDE. Vous êtes sans doute monsieur Félicien, que mon
père...

FÉLICIEN. Vous l'avez dit, mademoiselle, vous l'avez dit. (*A
part.*) Aïe!

MATHILDE. Vous boitez?

FÉLICIEN. Ah! par extraordinaire, et pour cette fois seulement.
Je vais vous expliquer; un de mes amis, de mes bons amis,
M. Jules Gavet, venait justement pour affaires dans ce pays-ci.
J'eus l'heureuse idée de faire route avec lui... c'est si désagréable
de voyager seul. Je vais l'attendre un peu chez lui, bien! nous
ratons le convoi, et d'un... Monsieur votre père envoie sa voiture nous chercher à la station. Je fais monter mon ami, qui
malheureusement a la vue très-basse. Il prend la conduite du
cheval. Jusque-là, ça va bien; mais nous arrivons à l'entrée de
votre parc, la grille est ouverte, il y a une borne, mon ami
prend ses mesures, il vise l'entrée, il accroche la borne, la roue

se casse, le cheval effrayé s'emporte, il crève le tablier de devant et brise les brancards. Tout à coup j'aperçois monsieur votre père, je lui ôte mon chapeau d'un air aimable, mais la voiture fait encore un mouvement et... je me flanque sur le nez... c'est pour cela, mademoiselle, que je boite un peu.

MATHILDE. Et votre ami?

FÉLICIEN. Vous êtes bien bonne; il est au mieux.

MATHILDE. Il n'a rien eu?

FÉLICIEN. Oh! jamais, pas la moindre des choses. Il est né coiffé ce gaillard-là!

TOINETTE. Eh ben! J'attends ousqu'il faut mettre les z'hardes de monsieur.

MATHILDE. Un instant!... Toinette va vous indiquer la chambre qui vous est destinée.

FÉLICIEN. Mille grâces, mademoiselle. (*A part.*) Elle est charmante... Ah! ma jambe!

MATHILDE. Ne vous inquiétez de rien... on va porter vos malles. *Toinette sort.*)

SCÈNE IV.

FÉLICIEN, MATHILDE, BONAMI.

BONAMI. Que les cinq cents diables les patafiolent!

FÉLICIEN. Ah! monsieur, que je suis donc...

BONAMI. Ah! oui... très-bien; mais dites-moi donc, qu'est-ce que c'est que ce gaillard-là?

FÉLICIEN. Qui?

BONAMI. Tiens! ce monsieur qui m'a cassé ma voiture.

FÉLICIEN. Ah! un charmant jeune homme.

BONAMI. Vous trouvez?

FÉLICIEN. Et posé, et tranquille, faut voir ça! c'est mon ami Jules Gavet.

BONAMI. Ah! Gavet.

FÉLICIEN. Vous connaissez?

BONAMI. Pas le moins du monde. Mais dites-moi, que vient-il faire ici? Est-ce qu'il voudrait se mettre en pension chez moi?

FÉLICIEN. Ah! non. Mon ami Jules Gavet a justement une affaire... un procès, je ne sais quoi qui l'appelle aux environs, et nous sommes venus ensemble.

BONAMI. Alors il va s'en aller?

FÉLICIEN. Aussitôt que la voiture pourra partir.

BONAMI. La voiture?... quelle voiture?... Ah! pas la mienne toujours!

FÉLICIEN. Rassurez-vous, elle ne peut plus servir.

MATHILDE. Non, mon père, la petite diligence.

BONAMI. Ah! parfait! ah ça! et vous? nous avons donc des projets de mariage?

FÉLICIEN. Dam! si l'on n'en avait pas près de mademoiselle, où en aurait-on?

BONAMI, *à part.* Pas mal, si ce n'était son ami Gavet.

FÉLICIEN, *à Mathilde.* Ne m'approuvez-vous pas?

MATHILDE. Vous devez être bien fatigué, surtout après l'accident de tantôt.

FÉLICIEN. Vous êtes vraiment trop bonne. (*A part.*) Elle est simple, la petite, ça fera mon affaire. Le père est riche et j'ai grand besoin de me refaire.

SCÈNE V.

FÉLICIEN, MATHILDE, BONAMI, TOINETTE.

TOINETTE, *entrant.* Mamzelle, la carriole est prête.

MATHILDE. Comment? la carriole!

TOINETTE. Eh! non, mamzelle, je veux dire la chambre du monsieur.

BONAMI. Imbécille! Allons, va à la cuisine, et qu'on serve vivement le dîner dans ce salon.

TOINETTE, *revenant au milieu.* Oui, not' maître... Comment faut-il accommoder le crevé d'hier?

BONAMI. Quel crevé?

TOINETTE. Vous savez bien, que vous avez dit que ce serait assez bon pour le monsieur.

BONAMI. Quel monsieur?

TOINETTE. Eh ben! l' poulet.

BONAMI. Cette fille me fera rougir les cheveux... Va-t'en au diable!

TOINETTE. J'y vais, monsieur. (*Elle sort.*)

BONAMI. Mais, j'y songe, votre ami, le Gavet en question, ne peut pas partir aujourd'hui; la diligence passe ici à trois heures et il en est quatre. Est-ce loin où il va?

FÉLICIEN. A cinq lieues, derrière le bois de Gervilliers.

BONAMI. Ce n'est pas loin, il est jeune, il ira à pied.

MATHILDE. Mon père!

BONAMI. Laisse donc! ça le fera grandir... c'est si bon l'exercice!

FÉLICIEN. Ce moyen-là m'a réussi.

BONAMI. On s'en aperçoit.

MATHILDE. Il est tard déjà; la nuit le surprendrait au milieu du bois, et vraiment, ce n'est pas sûr.

BONAMI. Bah! un homme... Ah! fichtre! (*A part.*) Et le fameux bandit!

MATHILDE, *bas.* Voyons, mon père, il ne faut pas lui garder rancune si longtemps... D'abord, c'est l'ami de M. Félicien, et vous devez, par politesse au moins...

BONAMI. C'est contrariant... mais elle a raison. Surtout s'il allait rencontrer Julianoff Gérascoff.

FÉLICIEN. Qu'est-ce que c'est que cela, Julianoff Gérascoff?

BONAMI. Ah! mon cher, un terrible bandit qui désole nos campagnes.

FÉLICIEN. Allons donc!

MATHILDE. C'est positif.

FÉLICIEN. On exagère.

BONAMI. Point du tout, saperlotte!

FÉLICIEN, *sérieusement.* Mais alors, ce pauvre Gavet... (*A part.*) Et puis, j'ai encore besoin de ses services.

MATHILDE. Voyons, mon père, allez chercher monsieur Gavet. Vous le devez à notre hôte.

BONAMI. J'y vais, ma fille. (*Bas à Félicien, en sortant.*) Dites donc, je crois que vous ne lui déplaisez pas. Je ne lui ai pas dit mes projets, mais... tâchez d'obtenir son consentement, et vous êtes mon gendre.

FÉLICIEN. Je me berce de ce doux espoir.

BONAMI, *à part.* Ça ne m'amuse pas beaucoup, mais je vais retenir le Gavet. Quelle drôle d'idée de m'avoir amené cet animal-là! (*Fausse sortie; à Félicien.*) Dites donc, si vous alliez le chercher vous-même? Vous nous le présenteriez, hein?

FÉLICIEN. Comme vous voudrez. C'est probablement la timidité qui l'empêche de venir... Je vous l'amène. (*Il sort.*)

SCÈNE VI.

BONAMI, MATHILDE.

BONAMI. J'aime mieux ça... Tu as vu, chère enfant, celui que je voudrais te voir pour gendre... non, me voir pour époux... non... Enfin, ça ne fait rien... tu comprends. Comment le trouves-tu?

MATHILDE. Il ne me déplait pas... trop.

BONAMI. N'est-ce pas? Ce n'est pas ces belles carnations d'autrefois, qui faisaient tomber les femmes à nos genoux, ces beaux hommes carrés, solides, enfin! Ce Félicien est acceptable, c'est un gentil cavalier, pour ceux qui aiment les manches à balai.

MATHILDE. Il n'est pas mal, en effet; mais je ne puis pas encore savoir si...

BONAMI. Permets donc!... Je te dis que tu es parfaitement libre... Je te laisse tout le temps que tu voudras pour te décider... Étudie-le, cause avec lui, et flanque-le à la porte après. C'est mon filleul, il n'a plus de parents... je lui sers de mère... Mais, toi, tu es ma fille chérie!... Je me fiche pas mal du reste... Mais ils ne reviennent pas... Je vais au-devant d'eux. (*Comme il va pour sortir, Gavet entre précipitamment, et se jette sur lui avec un bouquet de fleurs.*)

SCÈNE VII.

GAVET, FÉLICIEN, MATHILDE, BONAMI.

GAVET. Ah! pardon, monsieur.

BONAMI. Cré maladroit!

GAVET. Je ne l'ai pas fait exprès, je vous jure... Je suis désolé.

BONAMI. Eh bien, il ne manquerait plus que cela... On fait attention, que diable!

GAVET. Une autre fois, monsieur, je ferai...

BONAMI. Une autre fois! qu'est-ce que ça me fiche, une autre fois? C'est cette fois-ci qu'il fallait faire attention.

GAVET. Dame, monsieur...

BONAMI. Dame, monsieur... quoi?... quoi?

GAVET. Je vous demande pardon, monsieur. Je suis désolé...

BONAMI. Ça me fait une belle jambe... Je me fiche bien de votre pardon... on fait attention!... Ils sont étonnants! ils vous crèvent un œil, et vous demandent pardon!... Qu'est-ce que vous voulez que j'en fasse?... Avant de faire une maladresse, on fait attention.

GAVET. Je ne pouvais pas prévoir...

BONAMI. On prévoit!... c'est vrai, ça.

MATHILDE. Mon père!

BONAMI. Laisse-moi tranquille, toi!... Il m'entre un bouquet de roses dans le ventre, et tu viens me dire : Mon père! Faut-il pas que je l'embrasse?

MATHILDE. Vous le rendez confus.

FÉLICIEN, *bas*. Il ne sait pas où mettre ses mains... il a la vue basse... Et puis, si vous saviez... il est si timide... Offrez-lui donc du tabac.

BONAMI. Vous m'ennuyez, vous. Qu'est-ce que vous aviez besoin de m'amener cette oie-là! Faut qu'il couche ici, à présent. Tout cela c'est votre faute, et si vous croyez nous plaire...

FÉLICIEN, *à part*. Je suis fâché d'être venu avec Gavet.

MATHILDE, *bas*. Voyons, mon père... un mot à ce jeune homme... Je vous en prie.

BONAMI. Pourquoi ne fait-il pas attention, aussi?

MATHILDE. Papa!

BONAMI. Mon Dieu, monsieur, pardonnez-moi un moment d'humeur; mais vous comprenez... Ah! les belles fleurs!

GAVET. Je les ai cueillies pour mademoiselle.

BONAMI. Cueillies?... achetées?

GAVET. Cueillies.

BONAMI. Ah! où donc?

GAVET. Dans une serre... (*Il les offre à Mathilde.*) Permettez-moi, mademoiselle.

BONAMI, *à part*. A-t-il un toupet, celui-là?... Ces sont mes fleurs... mes fleurs rares... que je soignais comme mon œil!

MATHILDE. Merci, monsieur.

BONAMI, *à part*. Je vais avoir un coup de sang!

GAVET. Croyez, monsieur, que je ferai tout pour réparer mes gaucheries.

BONAMI. Ce n'est pas la peine. (*A part, à Félicien.*) C'est toi qui payeras pour lui... (*Haut.*) Voyons, ma fille, le diner est-il préparé?

MATHILDE. Je vais donner des ordres; vous, mon père, à votre cave.

FÉLICIEN. C'est cela, oublions le passé.

BONAMI. Nous règlerons ça ensemble. (*A part.*) Mes pauvres fleurs! (*Bonami et Mathilde sortent.*)

SCÈNE VIII.

FÉLICIEN, GAVET.

FÉLICIEN, *à part*. Allons, décidément je suis fâché d'être venu avec Gavet. (*A Gavet.*) Eh bien! tu fais de jolies choses!

GAVET. Je t'assure, mon cher ami, que je suis extrêmement désolé de ce qui est arrivé: mais c'est comme une fatalité.

FÉLICIEN. Enfin, que veux-tu? bientôt tu vas partir... Mais je voudrais avant te demander un service... Tu m'en as déjà rendus de grands, il faut encore que tu m'obliges.

GAVET. Parle.

FÉLICIEN. Tu sais que ce mariage est ma dernière ressource, ma seule espérance.... Le beau-père me croit riche, et tu penses si je dois faire bonne figure ici, car

AIR nouveau de M. KRIESEL.

Suivre la mode est l'état que j'exerce;
Plaire, séduire, aimer, et cætera,
Voilà, mon cher, voilà tout mon commerce.
On ne prend pas de patente pour ça.
J'aime d'un char la vitesse élégante,
Puis la souplesse et le geste fringant
D'un cheval bai, d'une brune piquante,
De Ristori le sublime talent.
J'aime la danse et surtout la musique,
Car le théâtre est pour moi plein d'appas,
La comédie amusante et critique,
Où l'intérêt augmente à chaque pas.
Pendant huit jours j'aime assez la campagne
Si je m'y trouve avec tous mes amis;
Un bon billard, du vrai vin de Champagne,
Et les soupers du Café de Paris.
J'aime, mon cher, les frimas, la verdure,
Nouveau plaisir suit nouvelle saison.
Oui, tout me charme, enfin, dans la nature,
Hors les huissiers, qui mènent en prison.

GAVET. Quoique je désapprouve tout à fait ta manière d'agir, je te rendrai le service que tu me demandes.

FÉLICIEN. Mon cher, je dirai tout, mais plus tard.

GAVET. C'est mal de tromper ces gens... Le père... un brave homme, et sa fille... un ange!... Tiens, je regrette d'être venu ici. Maudit procès!... il ne m'occasionne que des ennuis. Je suis obligé de le terminer moi-même; mon chargé d'affaires embrouillait tout avec sa chicane... aussi j'en ai assez, je veux traiter à l'amiable, dussé-je tout abandonner.

FÉLICIEN. Bigre! ne m'as-tu pas dit qu'il s'agissait d'un bien de cent mille francs?

GAVET. Sans cette maudite affaire, je ne serais pas venu ici... et je n'aurais pas vu...

FÉLICIEN. Quoi?

GAVET. Rien!... Tiens, voici deux mille francs. Est-ce assez?

FÉLICIEN. Très-bien! ça fait?...

GAVET. Prends donc! nous compterons une autre fois. Voyons, je vais partir.

FÉLICIEN. Non, reste ici... Ces gens, tu leur dois des excuses et puis, traverser les bois, seul, la nuit...

GAVET. Oh! je n'ai pas peur.

FÉLICIEN. Bigre! je ne suis pas comme toi... Mais ils t'ont invité à diner.

GAVET. Je vais donc accepter leur invitation, mais après, je pars.

FÉLICIEN. Tiens, justement j'entends le père Bonami, je vais lui parler. Ah! dis donc, as-tu besoin de ton habit, celui que tu avais l'autre jour?

GAVET. Non, il est là, à ta disposition.

FÉLICIEN. Tu es un véritable ami.

AIR : *Quand je l'entendons en goguette (Savetier et Financier).*

De ta bourse, oui, je l'atteste,
Quand je réclame la moitié,
Je t'offre l'image d'Oreste,
Dont Pylade avait l'amitié.
Si le tailleur du camarade,
Comme à moi, n'eût pas fait crédit,
Je suis bien certain que Pylade
D'Oreste eût emprunté l'habit.

Je veux le mettre ce soir, je te le rendrai... (*A part.*) dans un an ou deux.

GAVET. Je vais te le chercher. (*Il sort.*)

SCÈNE IX.

LES MÊMES, BONAMI. (*Bonami entre avec deux bouteilles de vin vieux. Il a le sourcil froncé.*)

FÉLICIEN. Ah! vous voilà, mon cher beau-père, j'ai deux mots à vous dire.

BONAMI. Moi aussi, à vous. Ah ça! mais vous avez donc juré de me rendre furieux, avec votre ami Gavet?

FÉLICIEN. Non, ce pauvre garçon est désolé.

BONAMI. Il n'est plus question du passé.

FÉLICIEN. Qu'a-t-il encore fait?

BONAMI. Ce qu'il a fait? tu vas voir.

FÉLICIEN, *à part.* Allons, allons! je suis réellement fâché d'être venu avec Gavet.

BONAMI. Tu vas voir. Depuis deux ans, je suis en procès avec un animal... il s'agit du bois de Gervillers, une propriété de cent mille francs. Le représentant de mon adversaire m'a joué mille tours infâmes. Enfin, cela s'apaise, j'agis, je me remue, j'allais obtenir un jugement par défaut quand, patatrac! Il arrive.

FÉLICIEN. Qui?

BONAMI. Mon adversaire.

FÉLICIEN. Eh bien?

BONAMI. Eh bien! j'ai perdu.

FÉLICIEN. Eh bien?

BONAMI. Comment, eh bien? (*A part.*) Crétin, va! Ah! si tu épouses ma fille, qui est maligne comme un singe, tu ne seras pas à la noce.

FÉLICIEN. Je ne vois pas ce que Gavet...

BONAMI. Comment! vous ne voyez pas que c'est justement votre Gavet, que le diable emporte et vous avec! qui est mon animal d'adversaire, et que sa venue ici me ruine!... Et tout cela par votre faute. (*Se montant.*) Et vous voulez devenir le gendre de ma fille? Non, mon époux.. non, le... Zut! il me fera perdre la tête, cet animal-là!

FÉLICIEN. Comment, c'est... (*A part.*) Ah! je suis véritablement très-désolé d'être venu avec Gavet; sapristi! je voudrais bien m'en aller. (*Haut.*) Mais, enfin, n'y a-t-il pas... (*Toinette et le jardinier apportent la table.*)

BONAMI, *furieux.* Il est bien temps!

FÉLICIEN. Laissez-moi vous dire...

TOINETTE, *venant entre eux deux.* Il est cuit, monsieur.

BONAMI. Qui?

TOINETTE. Le crevé.

BONAMI. Que le diable t'emporte

TOINETTE. Oui, monsieur. (*Elle retourne à la table.*)

SCÈNE X.

LES MÊMES, MATHILDE, GAVET.

MATHILDE. Allons, mon père, allons, à table!

TOUS.

ENSEMBLE.

Air de M. Fossey.

Le repas nous invite,
Amis, obéissons;
Mettons-nous, au plus vite,
A table sans façons. } *bis.*

MATHILDE. Monsieur, permettez-moi de vous indiquer votre place.

FÉLICIEN, *qui croit qu'on s'adresse à lui.* Certainement, mademoiselle. (*A part.*) Tiens! c'est à Gavet qu'elle parle... Il est plus heureux que moi.

MATHILDE, *à Gavet.* Voici votre place, monsieur, à côté de mon père.

FÉLICIEN. Elle le place bien.

MATHILDE, *à Félicien.* Si vous voulez vous mettre ici, de ce côté...

FÉLICIEN. Mais, et vous, mademoiselle?

BONAMI, *vexé.* Qu'est-ce que ça vous fait? on vous a dit à côté de moi. D'abord, rappelez-vous une chose, c'est que c'est ma fille chérie et que je ne veux pas qu'on la contrarie, moi, d'abord.

FÉLICIEN. Mais je n'ai...

BONAMI. Je vous dis ça en ami.

FÉLICIEN, *à part.* Tiens! elle s'assied à côté de lui... Décidément, je suis très-fâché d'être venu avec Gavet.

MATHILDE, *à Gavet.* Vous arrivez de Paris?

GAVET. Directement, mademoiselle.

MATHILDE. Ah! que je voudrais vivre à Paris! mais mon père aime mieux la campagne.

BONAMI. Une ville atroce, que Paris! où il y a des théâtres, des bals! Ah! fi donc!

FÉLICIEN. Vous avez bien raison.

MATHILDE, *à Gavet.* Ce n'est pas votre avis, n'est-ce pas, monsieur? Paris...

Air nouveau de M. Fossey.

On fait tout bien à Paris,
Les modes et la toilette,
Pour une femme coquette
Paris est le paradis.
Là, les femmes sont jolies;
On est mieux mis que partout,
Les marchandes sont polies,
Les modistes ont du goût!
Fi des campagnes fleuries,
Des prés, des bois, des prairies!
Tout ça ne vaut pas Paris!

FÉLICIEN. Cependant, mademoiselle...

BONAMI. Je vous dis qu'elle a raison. Ne contrariez pas ma fille chérie, et retenez ceci : Si jamais son galopin de mari la regarde de travers, je l'embroche, moi, d'abord. (*A Gavet.*) Vous renversez le sel, monsieur, ça porte malheur.. un vendredi.

GAVET, *renversant le poivre.* Ne vous donnez pas la peine, monsieur.

BONAMI. Allons, bon! c'est le poivre, à présent!

GAVET. Ah! je suis désolé!

BONAMI. C'est votre principale occupation; vous êtes toujours désolé. Il doit être bien amusant en société.

MATHILDE, *à Gavet.* J'ai vraiment bien des excuses à vous faire pour notre souper. Ce poulet n'est pas tendre du tout.

GAVET. Mais si, mademoiselle, au contraire.

FÉLICIEN, *à part.* Il n'est pas difficile, c'est le crevé.

BONAMI. Pourquoi être flatteur comme ça? Puisqu'on vous dit qu'il est dur, c'est qu'il est dur.

GAVET. Moi, je ne trouve pas qu'il soit dur.

BONAMI. Puisque voilà une heure que vous sciez cette patte sans pouvoir arriver à la découper... Ah! qu'est donc devenue cette brutale franchise des premiers Gaulois, alors que César n'avait pas encore envahi les G... (*La cuisse de poulet s'échappe de l'assiette de Gavet et va voler au milieu du théâtre; l'autre morceau entre dans le gilet de Bonami.*)

FÉLICIEN. Allons, bien!

BONAMI. Ah! l'entêté! le bigre d'entêté!... Mais non, il n'en serait pas convenu! Ah! bien, vous êtes gentil, vous! par exemple! J'ai la moitié de la cuisse dans mon gilet... (*S'adressant à Félicien.*) Et l'autre là-bas qui rit!

MATHILDE. Je vous prie, un peu de vin, monsieur.

GAVET. Volontiers, mademoiselle. (*Il verse et veut en offrir à Bonami, qui retire son verre; le vin est répandu sur la nappe.*)

BONAMI. Allons, bon! vous renversez le vin sur la nappe à présent. (*Gavet fait un mouvement et met son coude dans l'œil de Bonami.*) Nom de nom, de nom!... je suis aveugle d'un œil. (*On se lève de table.*)

GAVET. Oh! monsieur, je suis désolé!

FÉLICIEN, *à part.* C'est moi qui suis désolé... d'être venu avec Gavet.

SCÈNE XI.

LES MÊMES, TOINETTE. (*Des domestiques entrent et enlèvent la table.*)

TOINETTE, *bas à Bonami.* Not' maître!

BONAMI. Va-t'en au diable!... Comme c'est agréable!

TOINETTE. Mais, not' maître, c'est conséquent... Il s'agit d'un papier.

BONAMI. Fais ce que tu voudras de ton papier.

TOINETTE, *scandalisée.* Ah! (*Bas.*) C'est pour le brigand.

BONAMI, *bas.* Quel brigand?

TOINETTE. Vous savez bien, il est ici.

BONAMI. Ici?

TOINETTE. Y disent qu'on l'a vu dans le village.

BONAMI. Julianoff Gérascoff... Donne, donne vite! (*Lisant.*) A monsieur l'Adjoint... Éloignez-vous, ma fille... quand il s'agit des affaires de la commune, je ne suis plus père, je suis maire... Toinette, donnez-moi mon écharpe, que je lise ce papier... non, j'aime mieux mes lunettes.

TOINETTE. Bien, monsieur. (*Elle sort.*)

GAVET, *bas, à Félicien.* Vois-tu, je ne sais ce que j'ai, il faut que je parte, que je m'éloigne.

FÉLICIEN. Je te le conseille... Mais comment se fait-il que tu aies commis toutes ces maladresses?

GAVET. Tu sais bien, mon ami, que j'ai le malheur d'avoir la vue très-basse, un concours de circonstances que je ne puis t'expliquer, surtout à toi...

FÉLICIEN. A moi?

GAVET. Ce qu'il faut, c'est que je m'éloigne et que je disparaisse pour toujours.

MATHILDE. Mon Dieu, monsieur, il ne faut pas attacher une telle importance à des accidents qui eussent pu être occasionnés par tout autre que vous.

BONAMI, *à part; lisant le papier que Toinette lui a donné.* C'est effrayant! Ah! mon Dieu! mon Dieu!

GAVET. Vous êtes trop bonne, mademoiselle; mais je dois partir, il le faut, je ne puis rester ici davantage.

FÉLICIEN, *à part.* Qu'a-t-il donc? ce trouble... il est bien pressé.

GAVET, *à Mathilde.* Si, mademoiselle, je le dois... il faut que je m'éloigne.

MATHILDE. Nous ne le souffrirons pas, monsieur! il est déjà tard... vous resterez ici, mon père lui-même va vous en prier... N'est-ce pas, papa, que tu pries M. Gavet de rester parmi nous?

BONAMI. Monsieur Gavet?... Jules Gavet! Brouh!... mon sang se coagule... Cédez, monsieur, cédez aux vœux qui vous sont exprimés; et, tenez, faites-moi donc le plaisir d'aller vous promener... avec ma fille, un instant dans le jardin... vous verrez les belles fleurs...

FÉLICIEN, *à part.* Tiens, qu'est-ce qu'il a donc le beau-père?

GAVET. Mais, monsieur...

BONAMI. Ce cher monsieur Gavet... mais allez donc!

MATHILDE. J'espère que vous ne me refuserez pas à moi? (*Ils sortent.*)

SCÈNE XII.

BONAMI, FÉLICIEN.

BONAMI, *à part.* Pauvre brebis! elle est dans la gueule du loup. (*Haut.*) Eh! là-bas, venez un instant, j'ai deux mots à vous narrer.

FÉLICIEN. Il est fou, le beau-père!

BONAMI, *regardant Gavet sortir.* Taille, un mètre soixante-quinze mill... c'est à peu près cela; cheveux noirs, il les a blonds, il se les a teints; yeux verts, il se les... Nez rond, c'est cela; bouche ordinaire, c'est cela; signes distinctifs... une tache de rousseur au mollet. Comment faire? Ah! mon Dieu! et jusqu'à la similitude des noms, *Julianoff*, en latin, Jules... *Gérascoff*, en latin, Gavet... un J et un G... Ah! mon Dieu! mon Dieu! plus de doute... Je donnerais trois cent mille francs pour qu'il ôtât ses bottes.

FÉLICIEN. Décidément, il a quelque chose de dérangé, le beau-père!

BONAMI, *bas à Toinette qui entre.* Toinette, écoute. Dis aux domestiques de prendre des fourches, des marteaux, ce qu'ils voudront. Toi, prends mon grand sabre, va te poster dans le jardin, et si ce malheureux fait un geste hostile à ma fille, ou s'il tente de s'évader, faites feu! Va! sors!

TOINETTE. Comment, monsieur, vous voulez que je fasse feu avec votre sabre, ça va l'ébrécher.

BONAMI. Va, te dis-je! (*Elle sort.*)

FÉLICIEN, *à part.* Il y a quelque chose d'extraordinaire ici.

ENSEMBLE.

AIR :

Gardez-le bien!
C'est mon avis, s'il veut s'enfuir.
De ce bandit, il faut avoir justice,
Nous le tenons, soyons unis pour le punir
Avec son complice.
Ma foi, ce soir, il faut en finir

SCÈNE XIII.

BONAMI, FÉLICIEN.

FÉLICIEN. Voyons, mon cher beau-père, il faudrait cependant s'entendre. Qu'est-ce que tout cela signifie?

BONAMI. Eh bien! non, je le trouve joli! c'est lui qui demande des explications.

FÉLICIEN. C'est tout simple, je ne comprends rien.

BONAMI. Ah ça! je veux bien, tant ma bonté est grande; ne pas vous faire moisir sur la paille humide des cachots.

FÉLICIEN. Moi?

BONAMI. Comme son complice.

FÉLICIEN. Le complice de qui?

BONAMI. De Gavet, parbleu!... c'est votre ami.

FÉLICIEN. Mon ami...

BONAMI. Enfin il y a un fait... vous me l'avez amené... Êtes-vous sûr de lui?

FÉLICIEN, *en colère.* Je suis... je suis... très-embêté d'être venu avec Gavet, voilà!

BONAMI. En répondez-vous?

FÉLICIEN. Moi? va te faire l'en l'air!... je ne réponds de personne. Je sais que c'est un bon garçon que j'ai connu dans les salons de l'aristocratie, à une soirée, rue Saint-Pierre-Montmartre, mais voilà tout... il a toujours des bijoux, de l'or dans ses poches, et de temps en temps, il part pour quelques jours, mais je n'en sais pas plus.

BONAMI. Il s'absente? c'est parfait! c'est mon homme!

FÉLICIEN. Votre homme?

BONAMI. Jeune imprudent! vous réchauffez un serpent dans votre sein.

FÉLICIEN. Dans mon sein?

BONAMI. Et ce Gavet n'est autre que *Julianoff Gérascoff.*

FÉLICIEN. Allons, donc! vous errez.

BONAMI, *à part.* Il est stupide mon futur gendre. (*Haut.*) Voic la preuve... ce signalement très-exact.

FÉLICIEN. Allez-y.

BONAMI. L'avez-vous vu ôter ses bottes?

FÉLICIEN. Ses bottes?

BONAMI. Il doit avoir une tache de rousseur sur...

FÉLICIEN. Quoi?

BONAMI. Silence! le voici! éloignez-vous... Je vais l'interroger adroitement. Cachez-vous, et au moindre geste...

FÉLICIEN. Il suffit! (*Il sort par la droite.*)

SCÈNE XIV.

BONAMI, GAVET.

BONAMI, *à part.* Quel calme... qui dirait que c'est un forçat, évadé 57 fois? (*Haut.*) Eh bien! mon cher convive... commen vous trouvez-vous chez moi?

GAVET. Bien, monsieur, certainement, mais si vous le permettez, je vais m'éloigner.

BONAMI, *à part.* Se douterait-il? (*Haut.*) Mais je ne le souffrira pas.

GAVET. Eh quoi! monsieur, vous voudriez me garder prisonnier?

BONAMI. Prisonnier! (*A part.*) Soyons adroit. (*Haut.*) Mais pour vouloir fuir si vite, vous avez quelque motif?

GAVET. J'ai près d'ici un bois dont la propriété m'est contestée.

BONAMI, *à part.* Je crois bien.

GAVET. J'avais chargé de cette affaire un homme que je laissais entièrement libre d'agir à sa fantaisie, pourvu qu'il fût convenable.

BONAMI, *à part.* Voyons ce qu'il va dire... a-t-il un toupet!

GAVET. J'apprends que mon chargé d'affaires faisait mille tours pendables à mon adversaire... aussitôt je vole sur les lieux.

BONAMI, *à part.* Ah! il vole! Chassez le naturel il revient etc. (*Haut.*) Donc?

GAVET. C'est alors que Félicien vient me dire qu'il venait dans ce pays... je résolus de partir avec lui. Je suis ici et je veux traiter moi-même, non plus par procès, mais bien à l'amiable... J'ai hâte de terminer cette affaire... Vous voyez bien que je dois prendre congé de vous.

BONAMI. Mais non, vous partirez demain, le bois n'est pas sûr la nuit, et les voleurs...

GAVET. Oh! je n'ai pas peur des voleurs... ça me connaît!

BONAMI, *à part.* Mais il se livre!

GAVET, *prenant la tabatière des mains de Bonami.* Ah! la jolie tabatière! c'est le portrait de madame votre mère? c'est bien ressemblant.

BONAMI. Est-ce qu'il va me faire ma tabatière?... Ça, c'est la porte Saint-Denis. Non, monsieur, voyons restez parmi nous.

GAVET. Je ne le puis pas.

BONAMI. Ceci n'est pas assez impérieux pour nous quitter... et puis apprenez que c'est moi qui suis votre adversaire.

GAVET. Vous? tant mieux! raison de plus pour terminer cette affaire... Je vais de suite chez mon notaire.

BONAMI. Non, vraiment, vous resterez... ce motif n'est point assez puissant.

GAVET. Ah! ne me demandez pas l'autre. (*Mathilde paraît.*)

BONAMI. Monsieur, votre départ est blessant pour moi... Je suis donc en droit d'exiger.

GAVET. Eh bien! puisqu'il le faut, sachez donc tout.

BONAMI, *à part.* Je suis en nage... Je n'ai pas un cheveu qui n'ait sa goutte.

GAVET. Eh bien! Je sais que Félicien veut épouser votre fille. Je connais son affection pour elle. Je ne puis rester davantage ici... parce que je l'aime... je l'adore.

BONAMI. Félicien?

GAVET. Non, votre fille... Mathilde. (*Mathilde disparaît.*)

BONAMI, *à part.* Ah! bon Dieu! bon Dieu!

GAVET, *tirant un rouleau de papier de sa poche.* Je m'éloigne, je pars... Tenez, monsieur, voici.

BONAMI. Oh! par pitié, ne tirez pas!

GAVET. Qu'avez-vous donc? Je vous donne ces papiers. Ce sont les actes relatifs au bois de Gervillers. Agissez comme vous le voudrez, je m'en rapporte à votre loyauté... Tenez, cette lettre vous mettra au courant. Adieu, monsieur. (*Il sort.*)

SCÈNE XV.

BONAMI, FÉLICIEN.

FÉLICIEN. Eh bien?

BONAMI. Eh bien, c'est lui, j'en suis certain... Se doute-t-il, ne se doute-t-il pas? Je n'en sais rien... Il m'a remis des papiers... faux probablement.

FÉLICIEN. Voyons.

BONAMI. Jamais! Ils appartiennent à la justice... Je les scelle. Il est à sa chambre, courons nous en rendre maîtres, jusqu'à ce que la force armée, que j'ai fait prévenir, vienne s'en emparer. A moi, mes gens!

SCÈNE XVI.

LES MÊMES, BONAMI, MATHILDE, TOINETTE.

MATHILDE. Que veut dire ceci?

Expliquez-moi ce qu'ici l'on apprête?
Qu'arrive-t-il? Mais, enfin, qu'est-ce donc?
Notre hôte dit ne plus avoir sa tête,
Qu'a-t-on perdu, mon Dieu, que cherche-t-on?
De tout ceci, dites-moi donc la cause?

FÉLICIEN, *à part.*

Ils ont tous perdu l'esprit, je le crois,
Et dans ces lieux il ne reste que moi
Qui n'peux pas perdre quelque chose.

MATHILDE. Que se passe-t-il, voyons?

BONAMI. Rien. Taisez-vous, ma fille... Je ne suis pas père, je suis maire...

FÉLICIEN. Mais, dites donc, vous l'avez déjà dit.

BONAMI. Je l'ai déjà dit... mais ça fait toujours bien... Vous autres, suivez-moi, et pinçons le bandit dans son repaire.

Air de la Fiancée.

Agissons avec prudence,
Tous emboîtons-nous le pas,
Le fameux bandit, je pense,
Ne nous échappera pas.

TOINETTE.

De ce voleur sans reproche
Nous aurons raison dans peu;
S'il résiste, avec ma broche
Sans craint' sur lui je fais feu.

REPRISE ENSEMBLE.

(*Bonami sort avec les deux domestiques.*)

SCÈNE XVII.

MATHILDE, TOINETTE.

MATHILDE. Mais, enfin, qu'est-ce que c'est?

TOINETTE. Vous n'savez donc pas?

MATHILDE. Non.

TOINETTE. Mais ce beau monsieur qui casse tout, c'est pas un homme.

MATHILDE. Ah! ah!

TOINETTE. C'est un voleur qui a dévalisé trois cent cinquante mille personnes. (*Bruit de verres cassés.*)

MATHILDE. Qu'est-ce que c'est que ça?

TOINETTE. Je vais voir.

SCÈNE XVIII.

MATHILDE, BONAMI.

MATHILDE. Voyons, mon père... m'expliquerez-vous maintenant?...

BONAMI. Grâce au ciel, nous le tenons; il est enfermé dans la cave. Nous étions apostés près de l'escalier, quand nous voyons une ombre qui se détache du mur. C'était un habit bleu magnifique. Tu l'as vu, du reste. Nous l'avons empoigné et flanqué dans la cave.

MATHILDE. Qui?

BONAMI. Julianoff Gérascoff.

MATHILDE. Julianoff?

BONAMI. Ah! ciel! encore lui! Il s'est échappé!

MATHILDE. Qui?

BONAMI. Lui! lui! lui!... Tais-toi!

SCÈNE XIX.

LES MÊMES, GAVET, *en redingote,* puis TOINETTE.

GAVET. Me voici prêt, monsieur. Je viens réclamer mes papiers, et je pars.

BONAMI, *à part.* Je rêve. (*Haut.*) Vos papiers?... Ah! oh! c'est... (*Très-troublé, il lui offre un guéridon pour s'asseoir.*) Asseyez-vous donc. (*A part.*) Et cette Toinette qui ne revient pas!... Gagnons du temps. (*Haut.*) C'est que je ne les ai pas encore vus. (*A part.*) Il ne m'a rien dit de l'affaire de la cave... Ah! il veut m'intimider... Que faire?... Et Toinette?...

MATHILDE. Mais pourquoi partir sitôt? Qui vous presse, monsieur?

GAVET. Il le faut, mademoiselle.

BONAMI, *à part. Il examine les papiers.* Et... Tiens... une lettre signée de Félicien... Serait-il complice ? (*Toinette paraît et veut parler à Bonami.*) Tais-toi, ça suffit. Mais, tais-toi donc ! C'est bien. Du moment qu'elle est là... (*A part.*) Je me fiche bien du reste à présent. Le garde champêtre est là. (*A Gavet.*) Toute résistance serait inutile, mon cher... Votre épée !

GAVET. Mon épée ?

BONAMI. Non, je vous arrête !

GAVET. Moi ?

MATHILDE. Lui ?

BONAMI. Ne cherchez pas à vous évader... La force armée est là... Recule-toi, ma fille.

GAVET. Mais, monsieur...

BONAMI. Silence !

MATHILDE. Mon père...

BONAMI. Silence ! (*A Toinette.*) Fais avancer... (*Toinette ne bouge pas.*) Voyons ce billet de Félicien. (*Il lit.*)

GAVET. Mais c'est une horreur, une indignité !... Je ne sais ce que cela veut dire.

MATHILDE. Il y a erreur... Calmez-vous, monsieur... Mon père...

BONAMI. Ah ! la canaille !

GAVET. Monsieur !...

BONAMI. Ce n'est pas de vous que je parle. (*A Toinette.*) Eh bien, fais donc avancer la force armée.

TOINETTE. Mais, not' maître, puisque j' vous dis qu'elle n'y est pas.

BONAMI. Bigre ! Comment, elle n'y est pas ?

TOINETTE. Elle est à seize lieues d'ici. On vient d'arrêter le fameux Julianoff Gérascoff.

BONAMI. Cette malice !... Je le sais bien.

TOINETTE. On s'était trompé de département... C'est Maisons-Laffitte au lieu de Sommerville... C'est la ressemblance des noms qui a fait tromper.

BONAMI. Ah ! ça ne me regarde pas. (*Lisant.*) Tiens, Félicien qui écrit que je suis une vieille bête, et que la dot de ma fille... ta dot, Mathilde, lui servira à fricoter avec des mauvais sujets comme lui.

MATHILDE. Mais, mon père, il ne s'agit pas de ça, mais de monsieur.

BONAMI. Ah ! c'est vrai. (*A Gavet.*) Ah ! bien, dites donc... c'est pas vous... c'est Félicien... Ah ça, où diable est-il donc, ce gredin-là ?... Ah ! (*A Gavet.*) Vous n'avez donc pas été à la cave ?

GAVET. A la cave ?

BONAMI. Très-bien, c'est Félicien. Ah ! je suis une vieille bête !

SCÈNE XX.

LES MÊMES, FÉLICIEN, INVITÉS.

FÉLICIEN, *entrant avec un habit plein de poussière ; il est ivre et laisse tomber le chapeau qu'il a sur la tête ; Toinette va le porter sur une chaise à droite.* Ah ! je ne suis plus si fâché d'être venu avec Gavet.

BONAMI. Ah ! tu n'es plus si fâché !... Eh bien, tu vas voir...

Approchez ici, mon cher filleul... Comment, c'est vous que nous avons fourré dans la cave ?

FÉLICIEN. Parbleu ! vous le voyez bien !

BONAMI. Ah ! le bel habit !... Mais c'est le mien !

GAVET, *tombant assis sur le chapeau, riant.* Ah ! ah ! ah !

TOINETTE. Ah ! le chapeau de m'sieur. Monsieur... monsieur... vot' chapeau !

FÉLICIEN, *bas.* L'important n'est pas là... mais Julianoff ?...

BONAMI. Gérascoff ? Il est arrêté.

FÉLICIEN. Mais...

BONAMI. Il ne fera plus de mal à personne... J'en trouve un placement avantageux... vous allez voir. (*A Gavet.*) Monsieur, vous aimez ma fille ? (*A Mathilde.*) Ma fille, vous aimez monsieur ?

FÉLICIEN. Allons donc ! et moi ?

BONAMI. Vous ?... Vous aimez le curaçao !... (*A Gavet et Mathilde.*) Je vous unis, et je vous donne en dot le bois de Gervillers, à condition que vous ne recevrez jamais ce gaillard-là chez vous, et que vous ne fricoterez rien avec lui.

FÉLICIEN. Comment sait-il ?

GAVET. Monsieur... (*Il serre la main de Bonami.*)

BONAMI, *à Félicien.* En visitant les papiers de Julianoff Gérascoff, j'ai trouvé ceci. (*Il lui donne la lettre.*)

FÉLICIEN. Ma lettre à Gavet !... Toujours lui ! Ah ! je suis sérieusement désespéré d'être venu avec Gavet !

Au public.

AIR :

En voyant ma mésaventure,
Daignez agir avec bonté.

BONAMI, *l'arrêtant.* Laissez-moi faire, ça me regarde ; je vais parler pour vous.

Je lui pardonne, je vous jure,
Mais je voudrais être imité.

A vous, maintenant. (*En s'avançant pour chanter, il marche sur le pied de Bonami, qui lui sourit gracieusement.*)

GAVET. Ah ! pardon, monsieur, je suis désolé...

BONAMI. De rien, monsieur, et puis vous avez la vue basse.

GAVET, *chantant.*
Considérez son peu de chance,
Ses tracas et tous ses tourments.

MATHILDE.
Regardez son air d'innocence,
Ayez pour lui de l'indulgence.

FÉLICIEN.
Enfin, pour dédommagements...

BONAMI, *l'interrompant.* Taisez-vous donc, mon cher ami, vous n'êtes pas en état de vous présenter.

Enfin, pour dédommagements...

FÉLICIEN. Ce n'était pas la peine de m'interrompre pour dire la même chose.

BONAMI. Mais taisez-vous donc, et laissez-moi tranquille.

Criblez-le d'applaudissements !...

TOUS.

Enfin, pour dédommagements,
Criblez-le d'applaudissements !...

EN VENTE A LA MÊME LIBRAIRIE

BIBLIOTHÈQUE DU THÉATRE POUR TOUS

Le Violoneux, opérette, musique de J. OFFENBACH..... 10 c.	**Un Monsieur qui a la vue basse** (Gaîté)............ } 20
Les Quatre Ages du Louvre, 5 actes, par M. CLAIRVILLE. 20	**Mon Ami l'Habit vert** (Gaîté)..................... }
L'Histoire d'un Gilet, drame vaudeville, 3 actes....... 20	**Les Guides de Kinrose**, par BRISEBARRE............... 40
Les Poètes de la Treille, musique de DARCIER........ }	**La Queue de la poêle**, par BRISEBARRE............... 40
Mon Oncle Bouffard (Gaîté) .... } 20	**La Mort de Pompée** (Palais-Royal)............... 60
Une Demoiselle en loterie, musique de J. OFFENBACH.. }	**Mesdames de la Halle**, musique de J. OFFENBACH....... 60
Sous un Hangar, vaudeville....................... } 20	**M. Griffard**, opéra comique................... 75

EN VENTE CHEZ TOUS LES LIBRAIRES.

MON AMI L'HABIT VERT

VAUDEVILLE EN UN ACTE

DE MM. THÉODORE B. ET CHARLES CABOT.

Représenté pour la première fois, à Paris, sur le théâtre de la Gaîté, le 26 avril 1857.

DISTRIBUTION DE LA PIÈCE

STANISLAS PONTARLIÉ....................	MM. Febvre.	EUGÉNIE, fille de Blanchard................	Mmes Marie Clarisse.
BLANCHARD............................	Alexandre.	MADELEINE, servante.....................	Maria.
GOURDON, propriétaire..................	Lasouche.	UN NOTAIRE.............................	Aubry.

La scène se passe à Saint-Germain.

S'adresser, pour la mise en scène, à **M.** Cabot, régisseur général du théâtre de la Gaîté.

Droits de représentation, de reproduction et de traduction réservés.

Un salon ouvert sur un jardin; porte au fond, portes latérales à gauche; sur le premier plan, une table avec des papiers, à droite. Une causeuse, chaises, fauteuils, etc.

SCÈNE PREMIÈRE.

Au lever du rideau, Gourdon est assis à la table de gauche et lit un journal; à l'arrivée de Blanchard, il se lève.

GOURDON, BLANCHARD.

BLANCHARD, *entrant avec un sac d'argent.* Mon cher Gourdon, voici le montant du trimestre. (*Il lui donne l'argent.*)

GOURDON. Comment... c'est pour cela que tu m'as quitté?

BLANCHARD. Tu ne vérifies pas?

GOURDON. Est-ce que tu plaisantes?

BLANCHARD. Mais non; tu connais le proverbe, les bons comptes font les bons amis...

GOURDON. Ah! te voilà dans ton élément.

BLANCHARD. Que veux-tu? c'est ma seule passion, depuis mon veuvage, bien entendu, les proverbes dramatiques. Oh!... à propos, j'ai presque terminé celui que j'avais commencé du vivant de madame Blanchard.

GOURDON. Il n'est pire eau que l'eau qui dort.

BLANCHARD. Ça marche très-bien, ma foi; il n'y a qu'une chose qui m'embarrasse, c'est cette maudite mise en scène de la fin, et si tu voulais... (*Il ouvre le tiroir de la table.*)

GOURDON, *l'arrêtant.* Ah! tu sais que ce n'est pas de ma compétence.

BLANCHARD, *riant.* C'est juste, je l'avais oublié, monsieur le propriétaire.

GOURDON. Ah! si ta fille avait voulu, il n'y aurait pas aujourd'hui un propriétaire venant toucher le loyer de sa maison... mais un gendre la partageant avec sa nouvelle famille.

BLANCHARD. Eh! c'est ta faute, tu es d'une timidité! tu n'oses pas être amoureux, et tu en veux à ceux qui le sont; que diable! au plus fin!

GOURDON, *à part.* Je retiendrai cette maxime.

BLANCHARD. Pourquoi as-tu tant tardé?

GOURDON. J'attendais une occasion favorable.

BLANCHARD. Mais le cœur des jeunes filles n'attend pas; aussi Eugénie se nommera-t-elle bientôt madame Stanislas Pontarlié.

GOURDON. Monsieur Pontarlié... quelque aventurier!

BLANCHARD. Du tout; c'est le neveu d'un de mes anciens camarades. En mourant, il témoigna le désir d'une union entre Stanislas et Eugénie, et je promis, à la condition toutefois qu'Eugénie n'aurait pas d'amour pour un autre; c'est pour cela que je t'engageais à te déclarer, mais tu t'es décidé trop tard; Stanislas a mis à profit les instants qu'il a passés près de nous, l'an dernier, à Saint-Germain, il a su se faire aimer; je n'ai donc plus de prétexte.

GOURDON. Mais es-tu bien sûr de l'amour d'Eugénie pour Stanislas?

BLANCHARD. Parbleu! en voyant l'accueil que je faisais au neveu de mon ami Pontarlié au dernier bal où nous nous sommes trouvés ensemble, Eugénie me fit le dépositaire de ses petits secrets; je vis bien que c'était une passion véritable, et je n'o-

sai la contrarier. Je voyais déjà ma fille en proie au désespoir d'un amour malheureux; et puis, tu connais ma manière de voir. (*Il se lève.*)

AIR *d'Aristippe.*

Par nos conseils à la jeunesse,
Épargnons de folles amours,
Mais laissons, laissons la tendresse
Former un nœud qui doit durer toujours. (*bis.*)
De nos enfants, parents rigides,
Ah! gardons-nous de contraindre le cœur :
Si le ciel nous a fait leurs guides
C'est pour les conduire au bonheur. (*bis.*)

GOURDON. Mais qui avait pu te susciter tes craintes exagérées?

BLANCHARD. C'est que bien souvent j'avais surpris Eugénie livrée à des pensées fort tristes sans doute, car des larmes coulaient le long de ses joues. Dernièrement encore, elle était tellement absorbée par ses réflexions, qu'elle ne s'aperçut pas de mon arrivée, et j'entendis distinctement ces mots : Je t'aimerai toujours. Malheureusement, je n'en pus saisir davantage, j'étais découvert; mais c'était assez clair, et alors, ma foi, je ne voulus plus retarder son bonheur.

GOURDON, *à part.* J'espère bien le retarder, moi.

BLANCHARD. D'ailleurs, j'ai pris des informations sur notre jeune homme; il a mené jusqu'à présent une conduite exemplaire; il n'a pas de dettes, on ne lui connaît pas de maîtresse et il n'a jamais eu de duels; de plus, il est sobre, économe. Tu vois que je ne pourrais trouver mieux.

GOURDON. Sans doute, si tout ce que l'on a dit est vrai. (*Il va à la table et écrit.*)

BLANCHARD. Nous verrons.

GOURDON, *d'un ton singulier.* Oui, sans doute, nous verrons

BLANCHARD, *allant vers Gourdon.* Que fais-tu là?

GOURDON. Eh bien! le reçu. Les bons comptes...

BLANCHARD, *riant.* Ah! c'est juste... (*Il prend un journal.*)

SCÈNE II.

Les Mêmes, EUGÉNIE.

EUGÉNIE, *entrant sans les voir, un papier à la main.* Pauvre jeune fille!... forcée d'épouser celui qu'elle n'aime pas et de quitter celui qu'elle aime pour... (*Elle s'essuie les yeux; riant.*) Tiens, au fait, suis-je bête, c'est un roman, et bien mieux, c'est ma faute s'il lui est arrivé tous ces malheurs-là; décidément, si je fais encore un ouvrage, ce ne sera pas un roman par lettres, et si triste que celui-là.

GOURDON, *à Blanchard, lui remettant les papiers.* Voilà!

EUGÉNIE, *surprise.* Ah! monsieur... (*Elle cache le papier.*)

GOURDON, *saluant.* Mademoiselle...

EUGÉNIE, *de même.* Monsieur! (*A Blanchard.*) Comment, papa, vous allez sortir?

BLANCHARD, *se regardant.* Oui... un instant. Eugénie, il n'est venu personne pour moi?

EUGÉNIE. Personne.

BLANCHARD. J'attends une réponse de mon banquier, à qui j'ai écrit pour la dot de... mais cela ne t'intéresse pas.

GOURDON, *à part.* Peut-être.

BLANCHARD. Allons, au revoir, mon ami ; tu tiendras compagnie à Eugénie. (*Il remonte.*)

GOURDON, *galamment*. Mais c'est...

EUGÉNIE, *vivement*. C'est aujourd'hui le quinze, et vous avez vos loyers à toucher.

GOURDON. Je voulais dire que je craignais...

EUGÉNIE, *vivement*. De ne pas trouver votre monde plus tard... Que je ne vous retienne pas, monsieur. Je serais désolée...

GOURDON. Pardon...

EUGÉNIE. Oh ! vous êtes tout pardonné, monsieur...

GOURDON, *à part*. Allons, elle me congédie, mais nous verrons...

BLANCHARD, *redescendant entre eux*. Eh bien ! tu restes ?

GOURDON. Non. Vois-tu, je ne crois pas...

BLANCHARD. Le moment favorable ? Comme tu voudras.

GOURDON, *à part*. Je ne m'éloignerai pas.

BLANCHARD, *à Eugénie.*

AIR *de M. Fossey.*

Ma chère enfant, il faut que je te laisse ;
Dans un moment je reviens près de toi.
Bientôt viendra celui dont la tendresse,
  Pour toujours, veut suivre ta loi.
Il ne faut pas perdre courage,
Un cœur de femme est si changeant !

EUGÉNIE, *à part.*

Quoi ? monsieur Gourdon à son âge.
Soupire encore, ah ! c'est charmant.

BLANCHARD, *à Gourdon.*

Dis-lui quelque chose d'aimable.

GOURDON, *à Eugénie.*

Veuillez bien croire que mon cœur
Que mon amour...

EUGÉNIE, *à part.*

       Qu'il est affable !

GOURDON, *se troublant.*

Je suis votre humble serviteur.

ENSEMBLE.

BLANCHARD.

Ma chère enfant etc.

EUGÉNIE, *à part.*

Le compagnon des jeux de ma jeunesse
Dans un instant va venir près de moi.
Oh ! quel bonheur si sa vive tendresse
Pour toujours veut suivre ma loi !

GOURDON.

Par mes discours abusant la jeunesse,
Du prétendu je veux que, grâce à moi,
Près de l'objet de sa vive tendresse,
Le soupçon dans son cœur élève la voix.

SCÈNE III.

EUGÉNIE, *seule.*

J'ai eu une peur ! J'ai cru qu'il allait rester. Est-il ennuyeux, ce monsieur Gourdon, qui croyait que le titre d'ancien ami de mon père en était un pour devenir mon mari ! Monsieur Gourdon, vous vous trompiez bien, je vous jure ; je vous donnerai mon amitié, ainsi ne m'offrez plus votre amour. Le mien appartient à un autre.

SCÈNE IV.

EUGÉNIE, MADELEINE.

MADELEINE, *accourant*. Mademoiselle, mademoiselle, il y a là un petit bonhomme avec un bonnet de papier et du noir plein les mains qui vient de la part du libraire pour savoir si la chose est prête.

EUGÉNIE, *à part*. J'avais pourtant bien recommandé de ne pas venir de peur que mon père... car c'est une surprise que je lui ménage, ainsi qu'à un autre. (*A Madeleine*). Qu'il s'en aille bien vite.

MADELEINE, *étonnée*. Tiens, est-ce que c'est pour cela qu'il est venu.

EUGÉNIE. Dis que j'enverrai.

MADELEINE. La chose ?

EUGÉNIE. Oui.

MADELEINE. Très-bien. (*Fausse sortie.*)

EUGÉNIE. Surtout ne parle à personne...

MADELEINE. De la chose ?... vous pouvez être tranquille.

SCÈNE V.

EUGÉNIE *puis* GOURDON.

EUGÉNIE. C'est de chez mon éditeur... (*avec orgueil*) mon éditeur ! beaucoup ne pourraient pas en dire autant. Ah ! si monsieur Stanislas savait que c'est pour lui que j'ai tâché d'avoir de l'esprit, il m'aimerait davantage, j'en suis bien sûre ... car c'est en l'entendant parler, l'an dernier, avec tant d'enthousiasme des femmes de lettres, que je résolus... Mais tandis que je suis seule, relisons le dernier chapitre de mon roman, puisqu'on l'attend (*riant*) avec tant d'impatience. (*Elle s'assied à gauche et relit le papier qu'elle tenait à la main à son entrée.*)

GOURDON, *entrant mystérieusement*. Ce que m'a dit Blanchard me trotte dans la tête ; ces soupirs, ces larmes, ça n'est pas naturel, et si je pouvais... Ah! la voilà ; que fait-elle donc ? (*Il s'approche et lit par-dessus son épaule.*) Une lettre !...

EUGÉNIE, *lisant*. Cet hymen odieux doit s'accomplir...

GOURDON, *à part*. Comment !

EUGÉNIE, *lisant*. Une banqueroute vient de ruiner mon malheureux père...

GOURDON, *à part*. C'est un roman ! Elle aussi... c'est une monomanie dans la famille.

EUGÉNIE, *continuant*. Son honneur est entre les mains de celui qui va devenir mon époux...

GOURDON, *à part*. Ah! mademoiselle, vous faites des romans ; eh bien! je vais donner de l'importance à celui-ci. (*Avec menace.*) Ah! ah! on verra que l'on ne se joue pas d'un receveur des contributions.

EUGÉNIE, *se levant*. Voilà qui est terminé, et je puis... (*On sonne au dehors.*) Ah! mon Dieu! on sonne à la grille. (*Elle va au fond en traversant le théâtre de gauche à droite. Gourdon descend la scène.*)

EUGÉNIE, *regardant*. C'est lui, sans doute.

GOURDON. Nous allons rire.

EUGÉNIE, *troublée*. Ah! mon Dieu! et mon père qui n'est pas là ! je ne peux pourtant pas le recevoir, ce n'est pas convenable, et puis je suis si émue... Ah! monsieur Gourdon.

GOURDON, *s'avançant*. Moi-même, mademoiselle ; tout prêt à vous tirer de l'embarras où je vous vois, et que j'ai déviné.

EUGÉNIE. Quoi, monsieur, vous seriez assez bon ?

GOURDON. Mais sans doute, je vais recevoir mon rival en ennemi généreux.

EUGÉNIE. Oh ! je vous remercie. (*A part.*) Il me semble moins laid que d'habitude. (*A Gourdon*). Je puis donc compter sur vous, monsieur ?

GOURDON. Comme sur vous-même.

EUGÉNIE, *avec amitié*. Je me souviendrai de cela, monsieur Gourdon. (*A part.*) Ça me raccommode avec lui. (*Haut.*) Je l'entends, je me sauve. (*Elle sort.*)

SCÈNE VI.

GOURDON, *puis* STANISLAS.

GOURDON, *prenant la droite*. Ah! ah! à nous deux, mon petit ami, je vais vous tailler de la besogne ; si vous ne vous êtes pas fait chasser avant la fin de la journée, ce ne sera pas la faute de...

STANISLAS, *dans la coulisse*. Où est-il ? où est-il ? (*Il entre suivi d'un domestique qui porte sa malle.*) Où est-il ce cher beau-père ? que je le presse. (*Il tend les bras à Gourdon.*) Ah! pardon ! mon beau-père s'il, vous plaît ?

GOURDON, *saluant*. Monsieur, il m'a chargé de vous prier de l'attendre. (*Il fait signe au domestique de porter la malle à gauche ; revenant à Stanislas.*) Et, si vous le permettez ?...

STANISLAS. Comment donc, monsieur, mais enchanté ! Seriez-vous un membre de ma famille future ?

GOURDON, *Non*, monsieur, je suis un ami de la maison.

STANISLAS, *lui tendant la main*. Touchez là, monsieur, je vous invite à ma noce.

GOURDON. Vous êtes bien bon.

STANISLAS. Et ma charmante fiancée ?

GOURDON. Elle s'habille, je crois.

STANISLAS. Oh! c'était bien inutile, car toujours la nature... vous connaissez, monsieur ?

GOURDON. Oui, mais...

STANISLAS. Sans doute, la civilisation ; c'est bien dommage, monsieur, ne faites pas attention à cette facétie, c'est la joie. (*D'un ton fâché.*) C'est égal, j'aurais été bien aise de le voir le plus tôt possible.

GOURDON. Ils ne tarderont pas.

STANISLAS. Ce cher beau-père! je suis sûr que je serai très-heureux avec...

GOURDON. N'en doutez pas.

STANISLAS. C'est ce que je fais, et pourtant je le connais à peine, je l'ai fort peu étudié... (*D'un air malin.*) J'avais autre chose à faire; aussi ma prétendue, c'est différent, elle est ravissante, monsieur.

GOURDON. Je suis de votre avis.

STANISLAS. C'est un vrai trésor, monsieur, une divinité, monsieur! Ah! mais j'y pense, pour ce qui est du beau-père, puisque vous êtes un ami de céans, vous devez connaître son naturel?

GOURDON. Naturellement.

STANISLAS. Et vous pourriez m'initier à ses goûts, à ses idées, afin que je... vous comprenez? Diable, c'est que c'est un point important, je tiens beaucoup à lui plaire, savez-vous, mais...

GOURDON. Eh bien! il se pourrait... il serait possible... bien que cependant...

STANISLAS. Pourquoi ces restrictions?

GOURDON. Au fait, vous m'avez l'air d'un...

STANISLAS. C'est une preuve de perspicacité que vous donnez là, monsieur.

GOURDON. Et je veux vous prévenir...

STANISLAS. De quoi?

GOURDON, *confidentiellement*. Eh bien! c'est que mon ami Blanchard a formé le projet de vous éprouver.

STANISLAS. Comment?

GOURDON. Avec vous il ne sera pas du tout le même homme.

STANISLAS. En vérité?

GOURDON. Mais moi, je puis vous le dépeindre tel qu'il est.

STANISLAS. Que de bonté, monsieur!

GOURDON. Vous vous réglerez là-dessus.

STANISLAS. Je suis tout ouïe.

GOURDON. D'abord, c'est un *républicain* enragé.

STANISLAS. Vous m'étonnez!

GOURDON. C'est comme je vous le dis.

STANISLAS. Diable! enfin n'importe, dès ce moment, j'arbore le pavillon de... une fois marié...

GOURDON, *à part*. A merveille. (*Haut.*) Ensuite, il veut pour son gendre un bon vivant, sans façons, bon chasseur, hardi cavalier, mangeant bien et buvant sec.

STANISLAS, *de plus en plus contrarié*. Diable! diable! moi qui ne bois que de la limonade, qui ai la chasse en horreur, et qui ai éprouvé une foule de désagréments avec l'autre genre d'exercice.

GOURDON. Enfin, il veut un homme tout rond.

STANISLAS, *le regardant*. Décidément, vous m'effrayez, monsieur.

GOURDON. Moralement.

STANISLAS. J'aime mieux ça.

GOURDON. C'est-à-dire un garçon un peu égrillard, croustilleux...

STANISLAS. Oh! très-bien... je croustillerai; dès ce moment je me dis descendant de Piron... par les femmes.

GOURDON. Blanchard en sera enchanté.

STANISLAS. Il paraît que c'est un gaillard, monsieur?

GOURDON. Ah! nous en avons fait des folies! corbleu! ventrebleu!

STANISLAS. Est-ce qu'il jure aussi le beau-père?

GOURDON. Nous jurons tous.

STANISLAS. Comment, ma prétendue?

GOURDON. Oh! non.

STANISLAS. Eh bien, je n'en suis pas fâché!

GOURDON. Avez-vous eu quelques duels?

STANISLAS. Jamais, monsieur, c'est une idée fixe.

GOURDON. Tant pis, tant pis, Blanchard aime assez les gens qui ont la tête près du bonnet.

STANISLAS. Oh! mais si ce n'est que cela, je deviens un Saint-Georges.

GOURDON. Je dois vous dire aussi que votre toilette n'est pas assez...

STANISLAS. Je vous comprends, cavalière... mais laissez-moi faire, j'ai tout ce qu'il me faut pour... Figurez-vous le hasard le plus heureux!... un lion de mes amis partait en voyage en même temps que moi, emportant avec soi tout un équipage d'équitation, et dans la cour des messageries, le tumulte, la confusion, vous comprenez?... Bref, mon domestique s'est trompé de malle, je m'en suis aperçu au relais et alors, j'ai cru plus convenable de me présenter comme..... mais du moment que... ah! fichtre! palsambleu! je ne sais comment vous remercier... monsieur...?

GOURDON. Il n'y a pas de quoi.

STANISLAS. Quel désintéressement!

GOURDON. Que voulez-vous? j'aime Eugénie et...

STANISLAS. A propos, savez-vous si elle m'aime, ma prétendue?

GOURDON. Parbleu!

STANISLAS. Parbleu! Ah! monsieur, jamais ce mot ne m'avait paru si doux.

GOURDON. Elle ne pense qu'à vous. Tout à l'heure encore...

STANISLAS. Eh bien?

GOURDON. Oui, une idée de jeune fille, elle mettait sur le papier ses petites impressions.

STANISLAS. En vérité? Et savez-vous où elle a mis ses impressions?

GOURDON. Dans sa poche.

STANISLAS. Je les lui déroberai. Ah! monsieur, vous êtes un bien aimable homme... Monsieur, comment donc vous appelez-vous?

GOURDON. Ah! un dernier conseil. Blanchard vous tendra un piége, il vous dira qu'il écrit, qu'il s'occupe de littérature; et sa fille aussi... peut-être; prenez garde à vous, car ils ne peuvent pas souffrir les gens de lettres, Eugénie surtout.

STANISLAS. Ah! je m'en souviens! l'an dernier, je professais une grande estime pour plusieurs femmes auteurs, et cela n'avait pas l'air de lui faire plaisir.

GOURDON. Il n'y a qu'un ouvrage qui trouve grâce aux yeux de...

STANISLAS. Lequel? que je l'encense...

GOURDON. *Les Mystères de Paris*.

STANISLAS. Très-bien; je lui demanderai sa fille en argot. Est-ce heureux que je vous aie rencontré, monsieur!... comment donc vous...

GOURDON, *ricanant*. Oui, oui, c'est très-heureux... pour moi. Oh! du tout, du tout! Allons, au revoir, mon ami, passez-moi le mot.

STANISLAS, *lui prenant la main*. Mon cher ami... comment donc vous...

GOURDON. Voici votre appartement.

STANISLAS. J'y entre, et dans une minute je suis ici; vous ne me reconnaîtrez plus.

GOURDON, *à part*. C'est un homme flambé.

STANISLAS.

Air *de Giselle*.

Pour triompher dans l'ardeur qui m'engage,
De moi, je veux ne garder que le nom.
Je vais changer habit, mœurs et langage,
Car je veux être un vrai caméléon.
Oui, grâce à vous, je le prévois d'avance,
Je goûterai le plus heureux destin.
Comptez, monsieur, sur ma reconnaissance.

GOURDON, avec ironie.

Volontiers, mais attendez à demain.

STANISLAS.

Pour triompher etc., etc.

GOURDON, à part.

Grâce à l'ardeur qui follement l'engage,
Je le prévois, quand ce beau Céladon
Aura changé d'habit et de langage,
Il n'aura plus qu'à changer... de canton.

(Stanislas entre à gauche.

SCÈNE VII.

GOURDON seul un instant, puis BLANCHARD et EUGÉNIE.

GOURDON, *marchant avec agitation*. Ah! ah! la bataille est gagnée, et tout me porte à croire que la victoire me restera. Blanchard est *bonapartiste*, il déteste le Jockey-Club et *les Mystères de Paris*, il a la plus profonde horreur pour le duel, et il ne donnera certainement pas sa fille à un homme doué de tous les agréments dont le jeune Parisien va faire parade; il lui donnera son congé, et Eugénie deviendra ma femme... par dépit peut-être, mais qu'importe? (*Se posant.*) Je suis un rusé coquin! Les voici, attention! (*Blanchard et Eugénie sortent de la chambre à droite.*)

BLANCHARD, *à Eugénie*. Mais ne tremble pas comme ça! on dirait qu'il te fait peur.

EUGÉNIE. Oh! du tout, papa.

BLANCHARD. A la bonne heure! car enfin... Eh bien! où donc est-il?

GOURDON, *montrant la chambre à gauche*. Là. Il répare le désordre du voyage.

BLANCHARD. Ah! très-bien! Nous l'avons fait attendre, il n'y a rien à dire. (*A Gourdon.*) Eh bien! tu l'as vu, tu lui as parlé, qu'en dis-tu, là?

GOURDON, *à part.* Soyons noble! (*Haut.*) Eh bien! mais je suis revenu de mes préventions; il est fort aimable.

EUGÉNIE, *étourdim nt.* N'est-ce pas?... (*Elle s'arrête honteuse.*)

GOURDON. Mais oui! (*D'un ton moqueur.*) Il a de fort bonnes manières; il a beaucoup de réserve.

BLANCHARD. Et c'est un point important. (*A Gourdon.*) Mon ami, veux-tu que je te dise? Eh bien! parole d'honneur, ta conduite est magnanime, Gourdon.

GOURDON. Blanchard!

BLANCHARD. Veux-tu que je fasse une citation grecque?

GOURDON. Je ne comprends pas le grec, mais fais-la tout de même.

BLANCHARD. Eh bien! ta conduite a été *Ludovico Magno.*

GOURDON. Mais, non!

BLANCHARD. Mais si, Gourdon, elle l'a été.

GOURDON, *jouant la simplicité.* En quoi! Mais rien de plus naturel; s'il convient à mademoiselle, s'il peut faire son bonheur, je n'en demande pas davantage. (*A Blanchard*) Allons, mon ami, à bientôt. (*A Eugénie.*) Mademoiselle, vous ne m'en voulez plus?

EUGÉNIE, *avec amitié.* Oh! non; au contraire.

GOURDON, *à part.* Elle m'a souri!... Je suis un rusé coquin! (*Il salue et sort par le fond.*)

SCÈNE VIII.

BLANCHARD, STANISLAS, EUGÉNIE. (*Au moment où Gourdon sort, on entend Stanislas crier dans la coulisse.*)

STANISLAS, *dans la chambre.* Ah faquin! maraud! bélitre!

EUGÉNIE. Oh! mon Dieu!

BLANCHARD. Qu'y a-t-il?

STANISLAS, *en costume excentrique; en entrant, à part.* Ils sont là... (*A la cantonade.*) Je te ferai périr sous le bâton, corbleu! ventrebleu! (*A part.*) Ça va tout seul. (*Feignant d'apercevoir seulement Blanchard.*) Eh! bonjour, papa beau-père, comment ça va-t-il? (*Il lui frappe dans la main. A Eugénie.*) Mademoiselle!... (*Il l'embrasse bruyamment.*)

EUGÉNIE, *honteuse.* Monsieur!...

STANISLAS. Pardon! Oh! c'est que, voyez-vous, moi, je suis tout à la bonne franquette.

BLANCHARD, *à part.* La bonne franquette!

STANISLAS, *à part.* Je fascine le beau-père.

EUGÉNIE, *à part.* Quel drôle de costume!

BLANCHARD, *l'examinant.* Je ne le croyais pas si dégagé. (*Haut.*) Est-ce que vous êtes venu à cheval?

STANISLAS, *s'oubliant.* Moi?... Ah! oui, oui, de Paris à Montereau, vingt lieues à franc étrier; j'ai laissé mon cheval à l'auberge, ainsi que celui de mon domestique.

BLANCHARD. Mais qu'aviez-vous donc tout à l'heure.

STANISLAS. Ah! vous m'avez entendu? J'en suis fâché, mais je suis si vif! du reste, il y avait de quoi. Figurez-vous que ce bélitre de Valentin a oublié de me remettre à Paris une lettre...

EUGÉNIE. Une lettre...

STANISLAS, *à Eugénie.* Une affaire... (*Bas à Blanchard.*) D'honneur... chut!

BLANCHARD, *effrayé.* Un duel!

STANISLAS. Oui; c'était la réponse à ma provocation, ce n'est que quelques jours de retard; cela lui donnera le temps de mettre ordre à ses affaires.

AIR: *Paillasse mon ami.*

A recevoir un châtiment,
Ayant droit de prétendre
Mon ennemi ne doit vraiment
Perdre rien pour attendre,
Je le poursuivrai,
Le provoquerai,
Et gare à ma rancune,
Car je l'atteindrai,
Bref, je le tuerai,
Et plutôt deux fois qu'une.

(*Il va papillonner autour d'Eugénie, qui s'est assise sur la causeuse et travaille.*)

BLANCHARD, *à part.* Quel sang-froid! mon gendre serait-il un bretteur, un homme sanguinaire? (*Il le ramène sur le devant à gauche. Bas*) Mais pour quel motif?

STANISLAS, *nonchalant.* Oh! le motif n'est pas grave, mais le point d'honneur, ah! fichtre! Je l'ai insulté, je lui dois une réparation; je le tuerai, palsambleu! (*Il tourne sur les talons.*)

BLANCHARD, *stupéfait.* Serais-je le jouet de quelque hallucination?

STANISLAS, *bas.* Figurez-vous que cet individu me rencontre un jour avec Paméla.

BLANCHARD. Paméla!

STANISLAS. Il admirait son encolure, ses jambes, de vrais fuseaux.

BLANCHARD. C'est une danseuse?

STANISLAS. Oui, une véritable sauteuse, mais très-douce.

BLANCHARD, *à part.* Mon gendre connaît des sauteuses!

STANISLAS. Donc, voyant qu'elle lui faisait envie, je la lui prête.

BLANCHARD, *stupéfait.* Vous lui prêtez Paméla?

STANISLAS. Oui, ça se fait entre amis.

BLANCHARD. Ah ça! mais...

STANISLAS. Eh bien! le maladroit me la couronne.

BLANCHARD. Plaît-il?

STANISLAS. Et c'est très-désagréable; car elle m'avait coûté mille écus, et j'ai été obligé de la mettre au vert.

BLANCHARD. Au vert!... Mais de qui diable me parlez-vous?

STANISLAS. De Paméla, une jument pur sang britannique.

BLANCHARD. Expliquez-vous donc.

STANISLAS. Ah! vous croyez?... (*Il lui frappe sur le ventre.*) farceur de beau-père!

BLANCHARD, *à part.* Il n'a pas pour deux liards de dignité.

STANISLAS. Mais nous causons là et... (*S'approchant d'Eugénie.*) Je veux être pendu si ma jolie fiancée n'a pas encore gagné en grâces et en beauté!

BLANCHARD, *à part.* Je le croyais plus circonspect. (*Bas à Stanislas.*) Prenez garde, cette chère enfant est un peu timide, elle n'est pas habituée...

STANISLAS. Je la dégourdirai, papa. Ah! ah!

BLANCHARD. Oui... mais elle est un peu sentimentale...

STANISLAS. Ne vous inquiétez pas, beau-père. (*Il lui frappe sur le ventre.*) Nous autres, mauvais sujets, nous savons comment il faut prendre les femmes.

BLANCHARD, *bas.* Mais taisez-vous donc.

MADELEINE, *apportant du madère sur un plateau.* Monsieur, voilà ce que vous avez demandé. (*Il lutine la bonne, Blanchard l'arrête.*)

STANISLAS. Eh! que vois-je?

BLANCHARD. En attendant le déjeuner, j'ai pensé...

STANISLAS. Sagement, beau-père; (*se versant*) et du madère encore, mon vin favori. (*A part.*) Du vin que je ne peux pas souffrir. (*Haut.*) Palsembleu! je ne conseille plus à ces farceurs d'Écossais de venir nous vanter leur hospitalité; vous les enfoncez, papa.

BLANCHARD, *à part.* Il a des expressions!

STANISLAS. A votre santé.

BLANCHARD, *contrarié.* A la vôtre.

STANISLAS, *bas.* Dites donc, vous vous en irez tout à l'heure, hein? Je voudrais bien dire deux mots à ma prétendue.

BLANCHARD, *scandalisé.* Mais, monsieur...

STANISLAS. (*Il se verse.*) Aux beaux yeux de la charmante Eugénie.

EUGÉNIE, *à part.* Mais il va se griser.

STANISLAS, *versant.* Buvez donc. Ah! ah! c'est que vous avez affaire à un luron qui ne boude dans aucun tête-à-tête. (*Il fredonne.*) Les femmes et le vin nous font aimer... (*A part.*) Ça le flatte.

BLANCHARD, *à part.* Il est très-décolleté.

STANISLAS, *versant.* Je veux porter un dernier toast à votre ami; un bien aimable homme que monsieur... comment donc?

BLANCHARD. En effet, c'est un homme qui a de l'usage.

STANISLAS. Oui, il a l'air d'un bon zig.

EUGÉNIE. Un zig... qu'est-ce que c'est que cela?

STANISLAS. Oui, une bonne binette.

BLANCHARD, *stupéfait.* Un zig! (*Se levant, à part.*) Ce monsieur Stanislas ne me plaira pas beaucoup. (*Haut.*) Mon cher ami, excusez-moi, quelques ordres à donner.

STANISLAS. Ne vous gênez pas, je vous en prie, faites comme chez vous.

EUGÉNIE *se lève et va à son père.* Mon père!

BLANCHARD, *bas.* Reste, mon enfant, je ne m'éloigne pas... Eh bien, comment trouves-tu monsieur Stanislas? l'aimes-tu toujours?

EUGÉNIE, *honteuse.* Mon père...

BLANCHARD, *de même.* Je comprends. (*A part.*) Le cœur est déjà à la baisse, je n'en suis pas fâché. (*A Stanislas.*) A bientôt; je vous laisse avec Eugénie. (*Bas.*) Prenez garde à vos paroles.

STANISLAS, *riant.* Soyez tranquille, beau-père.

BLANCHARD. A bientôt... (*En sortant.*) Décidément, il ne me plaît pas du tout. (*Il entre à droite.*)

SCÈNE IX.

STANISLAS, EUGÉNIE.

STANISLAS, *à part.* Ouf! il est parti! j'en suis bien aise. Ce rôle commençait à me fatiguer. (*Il se place derrière Eugénie.*) Chère Eugénie!

EUGÉNIE, *surprise.* Ah! vous m'avez fait peur!

STANISLAS. Vous avez dû remarquer que je n'étais plus le même.

EUGÉNIE. Oui, monsieur, vous n'êtes plus le même, je ne vous comprends plus du tout. Autrefois...

STANISLAS. Nous nous entendions parfaitement, c'est vrai; mais, ma charmante Eugénie, je suis bien sûr de me faire comprendre encore.

EUGÉNIE, *souriant.* Voyons.

STANISLAS.

AIR: *Avez-vous vu ces bosquets.*

La fable dit, que du ciel les Titans
Ont essayé d'enlever les déesses,
Et que Jupin foudroyant les géants,
Sauva son trône et l'honneur des princesses.
J'ai surpassé ces héros fabuleux,
Car près de moi la victoire se range,
Et cependant j'ai combattu comme eux
Pour un projet des plus audacieux;
C'était la conquête d'un ange.

EUGÉNIE, *baissant les yeux.* A la bonne heure, je vous reconnais maintenant. (*Tous deux se lèvent.*) Il est bien plus gentil ainsi. Vous m'aimez donc un peu?

STANISLAS, *avec feu.* Un peu!... beaucoup... passionnément... pas... ça s'arrête là... Si je vous aime? Mais si je ne vous aimais pas, aurais-je fait vingt lieues dans une infâme diligence?... c'est-à-dire à franc... Au fait, je puis l'être avec vous, je n'ai pas besoin de feindre! Eh bien, oui, je suis venu tout bêtement en diligence, entre une nourrice et un soldat en congé. Bien mieux, ce costume excentrique me sort par les yeux... et j'abomine le vin en général et le madère en particulier.

EUGÉNIE. Mais alors, pourquoi?...

STANISLAS. Il fallait bien nager dans les eaux de votre père, car il est un peu original.

EUGÉNIE, *impatientée.* Comment, original?

STANISLAS, *vivement.* Du tout, du tout; parlons d'autre chose. (*A part.*) Il paraît que ça la contrarie. (*Haut.*) Est-ce que le présent doit nous occuper? C'est l'avenir et le passé.

EUGÉNIE. Vous vous en souvenez?

STANISLAS. Ah! fichtre! (*S'arrêtant.*) Pardon. C'est désolant, j'en ai pris l'habitude, moi qui ne jure jamais.

EUGÉNIE, *timidement.* Eh bien, monsieur Stanislas, je puis vous l'avouer maintenant; d'ailleurs, mon père vous aime.

STANISLAS, *à part.* J'ai produit mon effet.

EUGÉNIE. Je n'ai rien oublié non plus du passé; et, il y a un an que... depuis ce jour, vous savez où nous promenions dans cette belle allée de la forêt de Saint-Germain?

STANISLAS. Oui, votre père était assez éloigné de nous.

EUGÉNIE. Comme vous étiez enthousiaste! comme vous parliez de tout avec admiration, et surtout...

STANISLAS. Surtout?

EUGÉNIE. Des femmes auteurs.

STANISLAS, *à part.* Voilà le piége! Elle est jalouse. Pauvre petite chatte! (*Haut.*) Je leur ai voué une haine qui ne s'éteindra que pour avoir l'occasion de renaître de ses cendres. Oh! les bas bleus! les bas bleus!

EUGÉNIE, *étonnée.* Des bas bleus! Il est fou!

STANISLAS. Ainsi, soyez tranquille, mon cœur est totalement changé à leur égard; mais au vôtre, c'est différent... Je vous aime, et c'est pour la vie.

EUGÉNIE. Nous verrons. (*A part.*) Ça m'a bien réussi.

STANISLAS. Ah! Eugénie, ne me donnerez-vous pas un gage de cette charmante journée?

EUGÉNIE. Je n'ai rien; ah! si, la médaille qui m'a protégée jusqu'à présent, je vous la donne. (*Elle cherche dans sa poche; en tirant son mouchoir pour avoir la médaille, elle fait tomber un papier.*) Tenez, monsieur.

STANISLAS, *à part.* Un papier! les impressions de... Comment me l'approprier?

EUGÉNIE, *lui tendant la médaille.* Eh bien?

STANISLAS. Ah! pardon, le bonheur... me rend fou. (*A part.*) Comment diable avoir... (*Il cherche à saisir le papier.*)

EUGÉNIE. Monsieur Stanislas, pensez-vous bien ce que vous dites?

STANISLAS. Si je le pense? (*A part.*) Eh! mais c'est un moyen, ça. (*Haut.*) Si je le pense? Oh! oui, oui; je le jure à genoux!

(*Il se met à genoux et saisit le papier. A part.*) O bonheur, je le tiens!

EUGÉNIE, *avec effroi.* Relevez-vous vite, si on vous voyait!

STANISLAS, *à part.* Je reviendrai ici seul avec mon trésor.

EUGÉNIE, *d'un ton enfantin.* Donnez-moi le bras, (*appuyant*) mon petit mari.

STANISLAS. Avec plaisir, (*de même*) ma petite femme. (*Il reconduit Eugénie jusqu'à la porte de droite et lui quitte le bras.*) A tout à l'heure, je vous rejoins.

EUGÉNIE. Comment! vous ne venez pas?

STANISLAS. Pardon... j'ai quelque chose à prendre dans ma chambre, je vous rejoins dans une minute. (*Il lui baise la main et elle sort.*)

SCÈNE X.

STANISLAS *seul.*

Vite, vite, tandis que je suis seul. (*Il tire le papier de sa poche.*) Voilà donc l'expression de ses plus secrètes pensées! sa profession de foi! c'est bien son écriture... je ne sais, je suis tout ému. Voyons... (*Il lit.*) « Mon bien-aimé... » Son bien-aimé! je ne lui fais pas dire. (*Il reprend.*) « Mon bien-aimé, cet hymen odieux doit s'accomplir... » (*Étonné.*) Hein! qu'est-ce que c'est que ça? j'aurai mal lu. (*Il lit tout bas et très-rapidement en laissant échapper de temps en temps quelques exclamations; se laissant tomber sur chaise, il lit.*) « Mon bien-aimé, cet hymen odieux doit s'accomplir; ne m'ôte pas le peu de courage qui me reste. Mon malheureux père est ruiné; son honneur est entre les mains de celui qui va devenir mon époux. Une somme considérable peut seule le sauver de la honte, car, dans quelques jours peut-être, nous serions chassés de cette maison. » (*S'interrompant.*) Et le Blanchard pouvait conserver un air serein dans une semblable position; il faut que cet ex-grainetier soit arrivé à l'apogée de la dissimulation. (*Continuant.*) « De ce mariage, qui doit faire le malheur de ma vie... » (*Avec ironie.*) Il ne le fera pas. (*Continuant.*) « De ma vie... On sonne à la grille, c'est lui... » (*Se récriant.*) C'est moi, c'est moi, c'est moi en plein. J'ai sonné à la grille, j'ai même sonné deux fois, je m'étonnais qu'elle n'en fasse pas mention. (*Continuant.*) « Adieu, je t'aime et n'aimerai jamais que toi. Ta cousine... » (*Parlé.*) C'est un cousin que j'aurais, et l'on connaît leur spécialité. (*Regardant la lettre.*) Ah! ex-grainetier, tu comptes sur ma fortune pour raccommoder tes affaires, sur ma fortune, amassée à la sueur du front à mon oncle! Et cette jeune fille qui... Une amie d'enfance... c'est affreux. Oh! les femmes, les femmes! Ah! le grainetier!

SCÈNE XI.

STANISLAS, BLANCHARD.

BLANCHARD. Ah! le voilà, enfin; c'est d'une impolitesse! Mais à quoi donc pensez-vous? et le déjeuner?

STANISLAS. Je vous avoue que je pense à une foule de choses, excepté à celle-là.

BLANCHARD. Tout sera froid! Vous porterez la peine de...

STANISLAS, *pesant sur les mots.* Je ne porterai rien du tout.

BLANCHARD. Qu'est-ce que ça veut dire?

STANISLAS. Ah! voilà.

BLANCHARD. Comment, ah! voilà? cette réponse me paraît un peu évasive.

STANISLAS. Oui, faites l'ignorant; mais je suis instruit.

BLANCHARD. Instruit, de quoi?

STANISLAS, *avec gaieté.* Allez toujours, ne vous gênez pas, ça m'amuse, je suis dans la jubilation! Ah! ah! le coup était bien monté! mais à corsaire, corsaire et une fraction.

BLANCHARD. Monsieur, me direz-vous quelle mouche vous a piqué?

STANISLAS. Oui, monsieur; cette mouche est un cousin.

BLANCHARD. Un cousin!

STANISLAS. Mais il gardera la demoiselle.

BLANCHARD. Monsieur, si vous continuez sur ce ton un certain laps, je vous préviens que je m'emporterai.

STANISLAS. Emportez-vous, monsieur, et le plus loin possible.

BLANCHARD, *se montant.* Ah çà, monsieur!

STANISLAS, *goguenard.* Il paraît que vous jouez à la Bourse?

BLANCHARD. Monsieur, je ne joue jamais qu'au loto.

STANISLAS. Oui, c'est à ce jeu-là que vous avez perdu votre fortune, n'est-ce pas? Elle est bonne.

BLANCHARD. Elle est bonne! quoi?

STANISLAS. C'est délicieux!

BLANCHARD, *éclatant.* Ah! à la fin, je ne puis me contenir! Si c'est une rupture que vous voulez, j'en suis ravi, enchanté; car je vous dirai que vos manières ne me conviennent pas, et qu'en revanche vous me déplaisez souverainement.

STANISLAS. Il y a de la sympathie entre nous, beaucoup de sympathie ; car, si vous voulez le savoir, je n'étais pas du tout flatté d'entrer dans la famille d'un casseur.

BLANCHARD, *stupéfait*. Un casseur !

STANISLAS. D'un traîneur de sabre.

BLANCHARD. Hein?

STANISLAS. D'un homme qui se livre aux capiteux et qui professe une opinion aussi anti-sociale qu'anti-monarchique, d'un sans-culotte enfin.

BLANCHARD, *furieux*. C'en est trop, sortez !

STANISLAS. C'est mon vœu le plus cher.

BLANCHARD, *le retenant*. Mais avant, homme incandescent, j'exige que vous me disiez où vous avez puisé vos calomnies. (*Il frappe sur la table.*)

STANISLAS. Où? dans le sein d'une personne bien informée et dans ce papier, qui s'est enfui de la poche de votre fille, ah! (*Il lui donne la lettre.*)

BLANCHARD, *étonné*. L'écriture d'Eugénie !

SCÈNE XII.

Les Mêmes, EUGÉNIE, *effrayée*.

EUGÉNIE. Mon Dieu! quel est ce bruit?

BLANCHARD, *stupéfait*. Mon bien-aimé ! Que signifie?... (*Apercevant Eugénie.*) Ah! mademoiselle, pouvez-vous me dire ce que signifie ce document?

EUGÉNIE, *étonnée*. Ah! ma dernière lettre! Mon père, vous m'en voulez de vous avoir caché jusqu'à ce jour... J'attendais que ce fût fini.

BLANCHARD. Fini... Quoi!

STANISLAS. J'allais m'adresser cette question.

BLANCHARD. Monsieur, cela ne vous regarde pas.

EUGÉNIE. Mais, du reste, j'y ai renoncé, puisque cela déplaît à monsieur Stanislas; aussi j'en ferai arrêter l'impression.

BLANCHARD. L'impression de quoi?

STANISLAS. Oui? L'impression de quoi?

BLANCHARD. Monsieur, vous vous immiscez dans mes affaires de famille...

EUGÉNIE. Eh bien! mais de mon roman.

BLANCHARD, *souriant*. Un roman? (*A Eugénie.*) C'était un roman?

EUGÉNIE. Vous ne saviez donc pas?

BLANCHARD. Vous entendez? c'était un roman. (*Avec colère.*) Vous voyez bien que c'était un roman!

STANISLAS. Vous l'avez dit quatre fois.

BLANCHARD. Viens, ma fille, tu es digne de ton père sous tous les rapports, tu as suivi l'exemple de l'auteur de tes jours, c'est bien. (*Il l'embrasse.*)

STANISLAS, *à part*. Décidément, le beau-père écrit! J'ai fait des boulettes. Ah! traître de... Comment diable s'appelle-t-il?

SCÈNE XIII.

Les Mêmes, MADELEINE.

MADELEINE, *entrant*. Monsieur, il y a dans votre cabinet quelqu'un qui vient de chez votre banquier.

BLANCHARD. C'est bien. (*A Stanislas.*) Vous avez entendu? mon banquier; c'est la dot d'Eugénie, vous voyez que je ne suis pas ruiné.

STANISLAS, *à part*. J'ai fait des boulettes. Ah! gredin de...

BLANCHARD. Vous avez douté de moi et de ma fille.

EUGÉNIE. Ah! par exemple!

BLANCHARD. Vous ne serez jamais mon gendre.

STANISLAS. Je suis désolé.

BLANCHARD. J'en suis bien aise. (*Appelant.*) Madeleine!

MADELEINE, *qui est restée au fond, s'avançant*. Monsieur!

BLANCHARD. Qu'on cherche partout, un habit vert et un chapeau rond, c'est mon ami.

MADELEINE. Il est ici, monsieur.

BLANCHARD. Qui?

MADELEINE. L'habit vert.

BLANCHARD. Eh bien! qu'on me l'amène; je veux qu'il épouse ma fille séance tenante.

EUGÉNIE. Mon père !...

STANISLAS, *criant*. Lui, l'habit vert... l'infâme qui...

BLANCHARD, *à Madeleine*. Envoie aussi chercher mon notaire; qu'il vienne à l'instant !

MADELEINE, *à qui Eugénie fait des signes*. Mais...

BLANCHARD. Vous m'avez entendu! allez. (*Madeleine sort.*)

STANISLAS, *indigné*. Vous êtes un parâtre !

BLANCHARD. C'est possible! mais voilà pourtant quel sera le dénoûment de tout ceci.

STANISLAS. Ça ne se peut pas.

BLANCHARD. C'est ce que nous verrons.

STANISLAS. Mais ce n'est pas un dénoûment, ça.

BLANCHARD. Monsieur, voici ma réponse : Je vous donne vingt-quatre heures pour sortir de chez moi. (*A Eugénie.*) Viens !... de chez moi...

STANISLAS, *l'arrêtant*. Mais...

BLANCHARD. Ma fille l'épousera.

STANISLAS. Qui?... car enfin... je ne sais même pas...

BLANCHARD. Mon habit l'ami vert... non, mon ami l'habit vert...

STANISLAS. J'en deviendrai fou.

BLANCHARD. Vous m'avez entendu? Allez !

AIR *des Lanciers*.

Ici, dans ma maison,
Que tout débat finisse;
Il faut qu'on m'obéisse,
Car je suis père ou non.

STANISLAS.
Homme que je vénère,
Calmez votre courroux.

EUGÉNIE.
Exaucez sa prière,
Il tombe à vos genoux.

ENSEMBLE.

Ici, dans { ma / sa } maison,
Que tout débat finisse ;
il faut qu'on { m' / lui } obéisse,
Car { je suis / il est } père ou non.

(*Blanchard sort par la droite, en faisant signe à Eugénie de le suivre; celle-ci s'arrête à la porte et s'essuie les yeux.*)

SCÈNE XIV.

STANISLAS, EUGÉNIE, *au fond*.

STANISLAS, *à part*. Ah! monstre de... Ah ça! je ne saurai donc pas son nom... c'est gênant pour le maudire. Je comprends son plan... Ah! il y aura du sang, c'est horrible à penser, mais il y en aura.

EUGÉNIE, *au fond*. Adieu, monsieur Stanislas, adieu pour toujours.

STANISLAS. Vous me quittez? Vous me laissez en proie à mon désespoir?...

EUGÉNIE, *s'approchant*. Votre désespoir?... vous m'avez soupçonnée, ainsi, vous ne m'aimez pas. Mais, cependant, la colère de mon père, notre mariage rompu, tout cela, c'est vous qui...

STANISLAS. Mais du tout (*s'oubliant*), c'est votre père qui est un vieil... (*se reprenant*) lard respectable.

EUGÉNIE. Eh bien !

STANISLAS, *à part*. En effet, ça n'a plus de sens. (*Haut.*) Eh bien! oui, j'ai eu tort; mais cette lettre que... et cet horrible habit vert qui... (*Avec colère.*) Ah! mais dites-moi donc son nom! (*Il frappe du pied.*)

EUGÉNIE, *effrayée*. Soyez calme, je vous en prie.

STANISLAS, *avec sang-froid*. Eh bien! oui, je suis calme. Ah! cet homme, je donnerais six francs de son acte de décès. Poursuivez.

EUGÉNIE. Je disais que si vous ne vous excusez pas mieux, je vous détesterai...

STANISLAS. Mais si ce n'est que cela, je m'excuse, faites comme moi.

EUGÉNIE. Ça me sera moins facile qu'à vous.

STANISLAS, *fausse sortie*. Alors, je n'ai plus qu'à mourir.

EUGÉNIE, *courant après lui*. Mais non, mais non, je serais obligée d'épouser l'autre.

STANISLAS, *se laissant ramener*. C'est juste.

EUGÉNIE, *d'un ton mutin*. Oh! d'abord, si je l'épouse...

STANISLAS, *bas*. Comptez sur moi.

EUGÉNIE, *étonnée*. Pourquoi?

STANISLAS, *avec finesse*. Pour votre vengeance.

EUGÉNIE. Dire que je m'appellerais madame... que je suis donc malheureuse! (*Elle pleure.*)

STANISLAS. Madame comment?... Allons, voilà qu'elle pleure... Il est de fait que don Juan ne s'appelait pas... et qu'il est cruel de donner sa main au porteur d'un pareil nom. (*A part.*) Dieu que c'est gênant...

EUGÉNIE. Alors, trouvez un moyen pour que je ne l'épouse pas.

STANISLAS, *marchant de la rampe au fond*. Quelle satanée position! Dans la vie, il y a certainement une foule de positions difficiles, mais je les préfère toutes, je le déclare... (*Arrivé a fond.*) Ah! mon Dieu! un habit vert et un chapeau rond! c'est le... oui... enfin... ce monsieur qui se dessine à l'horizon. (*Avec désespoir.*) Nous sommes... (*Avec joie.*) Nous sommes sauvés.

EUGÉNIE. Je ne l'épouserai pas?

STANISLAS. Non, mais il faut m'obéir aveuglément.

EUGÉNIE. Aveuglément?

STANISLAS. Oui. Écoute... Eugénie...

EUGÉNIE. Monsieur!...

STANISLAS. J'emploie la tournure latine, c'est plus vite fait. Eugénie, m'aimes-tu?

EUGÉNIE. Je ne le devrais peut-être pas...

STANISLAS. Enfin, tu m'aimes, c'est le principal.

EUGÉNIE. Eh bien?

STANISLAS. Eh bien, je te demande de me le dire en temps et lieu.

EUGÉNIE. Je ne comprends pas.

STANISLAS. Il n'y a pas de mal... Je l'entends. (*A Eugénie qui est près du fauteuil à gauche.*) Asseyez-vous.

EUGÉNIE, *qui ne comprend pas.* Comment?

STANISLAS, *distrait, en pliant les genoux.* Comme d'habitude, (*avec réflexion*) sur un fauteuil. Tu m'as promis de m'obéir aveuglément, ô Eugénie!

EUGÉNIE, *s'asseyant.* Vous me faites faire tout ce que vous voulez. (*Gourdon paraît.*)

STANISLAS. Le voilà. (*Il se jette aux genoux d'Eugénie.*)

EUGÉNIE, *effrayée.* Que faites-vous?

STANISLAS, *bas.* Chut.

EUGÉNIE, *voulant regarder derrière elle.* Qu'y a-t-il donc?

STANISLAS. Ne regarde pas en arrière. Souviens-toi d'Orphée et d'Eurydice.

SCÈNE XV.

LES MÊMES, GOURDON.

GOURDON. Blanchard me fait demander, l'espoir renaît. (*Apercevant Stanislas et Eugénie.*) Grand Dieu! quel est ce groupe? Elle se sera laissé fléchir!

STANISLAS, *très-haut.* Eugénie, répète-moi ces paroles d'amour.

EUGÉNIE, *bas.* Quelles paroles?

STANISLAS, *de même.* Dis-moi que tu m'aimes, c'est le moment.

GOURDON. Comment, c'est le moment? (*Il se cache derrière le paravent.*)

EUGÉNIE, *bas.* Je n'oserai jamais, il y a quelqu'un là.

STANISLAS, *bas.* Mais c'est justement, ou nous sommes perdus.

EUGÉNIE. Eh bien, (*balbutiant*) je vous...

STANISLAS, *bas.* Je t'aime.

EUGÉNIE, *d'une voix tremblante.* Je... t'aime.

STANISLAS, *même jeu.* Mon Stanislas!

EUGÉNIE, *voulant se lever.* Assez, je vous en prie, je suis trop honteuse.

STANISLAS, *bas.* Si tu fais un pas, Eugénie, je te livre à l'habit vert. (*Stanislas et Eugénie se lèvent.*)

STANISLAS, *très-haut.* Eugénie, il faudra bientôt nous séparer. Une volonté plus forte que la nôtre va rompre les liens qui nous unissent; tu vas devenir la femme d'un vieillard...

GOURDON, *au fond.* D'un vieillard...

STANISLAS. Mais dans un an, au plus, tu seras veuve.

GOURDON. Hein?

STANISLAS. Riche et maîtresse de tes actions.

EUGÉNIE, *bas.* Mais que dites-vous donc?

STANISLAS, *de même.* Ne faites pas attention, c'est à l'habit vert que je tiens ces discours scandaleux. (*Haut.*) Alors tu répareras les torts de ton père.

GOURDON, *au fond, caché derrière le paravent.* Mais c'est un affreux complot. (*En faisant un geste, il fait tomber sa perruque.*)

STANISLAS. Et, en attendant, en l'absence de ton vieil époux, permets qu'un chaste baiser...

AIR nouveau de M. Fossey.

STANISLAS.

Cette faveur, chère Eugénie,
Tu ne peux me la refuser;
Laisse-moi sur ta main jolie,
Laisse-moi placer un baiser.

EUGÉNIE.

Je doute de votre constance,
On vous dit si mauvais sujet!
Mais chut, il faut de la prudence,
Si mon père vous entendait!

(*Stanislas embrasse Eugénie, celle-ci un peu effrayée se dirige vers le fond à droite.*)

GOURDON, *à part.* C'est du gentil! (*Il dégringole derrière le paravent.*)

EUGÉNIE, *embarrassée.* Mon père m'appelle.

STANISLAS. Je n'ai rien entendu.

EUGÉNIE. Si, si, je vous assure.

STANISLAS, *à part.* Ah! bon, bon, je n'y étais pas. Charmante pudeur! (*Haut.*) Oui, en effet, j'ai entendu très-distinctement.

EUGÉNIE, *de la porte.* Adieu, monsieur Stanislas.

STANISLAS, *lui envoyant des baisers.* Adieu, (*très-haut*) mon ange!

SCÈNE XVI.

GOURDON, *au fond,* STANISLAS.

GOURDON, *sortant de sa cachette; Stanislas le guette.* Son ange! J'en ai trop entendu. Demain je donne congé à la famille, et je fais raser cette maison. (*Il s'éloigne avec colère, poursuivi par Stanislas.*)

SCÈNE XVII.

STANISLAS, *regardant au fond, à la dérobée.*

Il est parti! Le champ de bataille me reste; il n'y a plus qu'à dompter le grainetier. (*Il va au fond.*) Que vois-je! les deux vieillards en tête à tête. Diable! leur dialogue me paraît ne pas manquer de chaleur.

BLANCHARD, *en dehors.* Monsieur, vous êtes un polisson.

GOURDON. Mais, Blanchard...

BLANCHARD. Toinette!

TOINETTE, *à la cantonnade.* Monsieur?

BLANCHARD. Flanquez monsieur à la porte.

TOINETTE. Je ne peux pas, monsieur, je fais un roux.

BLANCHARD. Eh bien, quittez votre roux, et flanquez monsieur à la porte avec tous les respects dus à son âge. (*Stanislas s'asseyant précipitamment à la table, tirant un mauvais écrit du tiroir.*)

STANISLAS. Il vient de ce côté, donnons-nous une contenance.

SCÈNE XVIII.

STANISLAS *à la table,* BLANCHARD *arrivant par le fond à droite, en marchant avec colère.*

BLANCHARD, *sans voir Stanislas.* Mais c'est donc un pari, une affreuse gageure! Comment, lui aussi, il refuse ma fille, et ne veut pas s'expliquer. (*Avec colère.*) Et le notaire qui est déjà arrivé, et qui rédige le contrat.

STANISLAS, *à part.* Il était temps.

BLANCHARD, *à part.* Heureusement, il ne sait pas les noms des conjoints.

STANISLAS, *à part.* C'est bon à savoir.

BLANCHARD. Ma fille refusée! Ah! c'est une abomination! C'est ce Stanislas Pontarlié qui a introduit ici la calomnie. Ah! le voilà.

STANISLAS, *à part.* Il va me dévorer.

BLANCHARD. Encore ici, monsieur?

STANISLAS. Vous m'avez donné vingt-quatre heures pour sortir de chez vous. (*Tirant sa montre.*) Elles ne sont pas écoulées.

BLANCHARD. Douter de ma fille! (*Il marche avec précipitation.*)

STANISLAS, *lisant le titre du manuscrit.* Ah ça, mais qu'est-ce que c'est que cela? (*A part.*) Les œuvres du beau-père; prenons-le par son faible.

BLANCHARD. Douter de cet ange de candeur et d'innocence!

STANISLAS, *lisant.* Ah! la bonne charge!

BLANCHARD, *vite.* Monsieur!

STANISLAS, *même jeu.* La délicieuse plaisanterie!

BLANCHARD. Ah ça! monsieur...

STANISLAS. Si Molière n'était pas mort, il le serait dès aujourd'hui.

BLANCHARD, *plus doucement.* Mais encore une fois, jeune homme, (*Stanislas le salue, il le lui rend machinalement*) il ne s'agit pas en ce moment du mérite de cet ouvrage, mais du mérite de ma fille, que vous n'avez pas su apprécier aussi bien.

STANISLAS. Je ne comprends plus.

BLANCHARD, *s'avançant.* Comment?

STANISLAS, *désignant le manuscrit.* Qu'est-ce qui dit ça?

BLANCHARD. Quoi?

STANISLAS. Ça... Mon père...

BLANCHARD. Eh bien! c'est la fille.

STANISLAS. Ah! bon! et ça? Ma fille!...

BLANCHARD. C'est le père.

STANISLAS. Ah! bon! bon! (*se récriant*) c'est très-adroit.

BLANCHARD, *étonné*. C'est tout naturel.

STANISLAS. Mais c'est justement ce qui cause mon admiration, le naturel est si difficile à atteindre; avec cela de la chaleur, de la gaieté, un dénoûment saisissant

BLANCHARD. Oui, c'est assez... (*gravement*) mais...

STANISLAS. Et le prétendu, l'amoureux? comme il est tendre, empressé, dans cette scène, par exemple, où ils sont tous deux seuls; il ne voit qu'elle, il ne parle qu'à elle, c'est admirable ! ce n'est pas votre premier ouvrage?

BLANCHARD. Pardonnez-moi.

STANISLAS. Non.

BLANCHARD. Mais si... je vous assure.

STANISLAS. C'est surprenant! cela sent le métier d'une lieue, jusqu'à la position de ce décor, deux portes latérales, une table et tout ce qu'il faut pour écrire; on voit que cette table, ce papier, cette encre, tout cela est pour quelque chose.

BLANCHARD. En effet, c'est pour le contrat.

STANISLAS. Quand je vous le disais! (*Avec enthousiasme.*) Grand homme! va.

BLANCHARD, *avec modestie*. Oh! oh!

STANISLAS. Oui! oui!...

BLANCHARD, *s'avançant vers lui*. Il y a pourtant quelque chose qui m'embarrasse.

STANISLAS, *à part*. Ça marche. (*Haut.*) Il se pourrait!

BLANCHARD. Oui, pour la fin, je m'embrouille toujours à la mise en scène, quand le père hésite à pardonner...

STANISLAS. A son gendre? quoi! pour si peu, eh bien? ça ne m'étonne pas.

BLANCHARD. Pourquoi?

STANISLAS. Pour la mise en scène de la fin, ça ne fait rien, recueillons-nous.

BLANCHARD. Je vais tâcher. (*Il réfléchit en marchant; tandis que Blanchard est plongé dans ses réflexions, Stanislas tire la sonnette qui est à gauche, puis il revient près de lui et marche d'une coulisse à l'autre en ayant l'air de réfléchir. Madeleine entre, Stanislas va près d'elle et lui dit quelques mots à l'oreille.*)

MADELEINE, *à mi-voix*. C'est bien, monsieur.

STANISLAS, *de même*. Tu entends? Eugénie.

MADELEINE. Oui, monsieur. (*Elle sort par le fond à droite.*)

STANISLAS, *revient vers Blanchard tout en marchant*. Trouvez-vous?

BLANCHARD, *s'arrêtant*. Non.

STANISLAS, *s'arrêtant aussi*. Tant mieux.

BLANCHARD. Comment?

STANISLAS. Sans doute. Peut-être trouverai-je avant vous, et alors, vous comprenez, quel honneur pour moi!

BLANCHARD, *à part*. C'est un bon garçon, quel dommage! (*Il recommence à marcher ainsi que Stanislas.*)

SCÈNE XIX.

LES MÊMES, EUGÉNIE, MADELEINE, *et le* NOTAIRE, *arrivant par le fond à droite.*

(*Stanislas et Blanchard au premier plan, à droite, au deuxième, le Notaire derrière la table, Madeleine au milieu, Eugénie à droite près de la table.*)

STANISLAS. J'ai votre affaire.

BLANCHARD, *s'arrêtant*. Vraiment?

STANISLAS. Vous allez voir, suivez bien les péripéties, je représente le futur; voulez-vous être le père?

BLANCHARD, *bonnement*. Ah! mon Dieu oui, volontiers.

STANISLAS. Alors ça va aller tout seul, c'est excessivement facile, vous ne m'avez pas encore pardonné, vous êtes pensif sur le premier plan à gauche; soyez pensif.

BLANCHARD. Je le suis.

STANISLAS. Vous ne voyez rien de ce qui se passe autour de vous.

BLANCHARD. C'est entendu. (*A part.*) Il a beaucoup de goût.

STANISLAS. Alors je profite de cet instant de torpeur et je m'avance vers la table où se trouve le contrat et je signe. (*Il signe.*) Pendant ce temps, l'orchestre joue en sourdine; je n'ai jamais compris le sens de cette symphonie mystique, mais ça se fait.

BLANCHARD. Oui, oui, ils appellent ça un trembolo !

(*Stanislas, en achevant sa phrase, a conduit Eugénie à la table et est revenu près de Blanchard; Eugénie a pris la gauche. Madeleine a suivi sa maîtresse.*)

STANISLAS. Non, beau-père, trémolo; pendant ce temps votre fille a signé.

BLANCHARD. Ma fille?

STANISLAS. Oui, ma femme, puisque je suis votre gendre..

BLANCHARD. Ah! très-bien.

STANISLAS. C'est votre tour.

BLANCHARD. Ah! je vois maintenant, le plus fort est fait.

STANISLAS. Mais pas du tout, vous vous avancez, (*il prend Blanchard par la main*) vous restez un moment au milieu de la scène et vous vous débattez...

BLANCHARD. Je me débats au milieu de la scène?

STANISLAS. Vous vous avancez en chancelant vers la table, je vous mets la plume entre les doigts, vous hésitez d'abord, (*le Notaire suit toute cette scène avec une curiosité comique et en approuvant de temps en temps par signes.*) Puis vous signez précipitamment sans savoir ce que vous faites.

BLANCHARD. Comme un imbécile, quoi!

STANISLAS. Absolument; je m'approche d'Eugénie.

BLANCHARD. D'Eugénie?

STANISLAS. Mais oui, de ma femme.

BLANCHARD. Ah! c'est juste.

STANISLAS. Je la presse contre mon cœur et je lui dis...

EUGÉNIE, *bas*. Mais mon père a donc enfin consenti?

BLANCHARD. Hein? quelle est cette plaisanterie?

MADELEINE, *au notaire*. Ils sont mariés, n'est-ce pas, monsieur?

LE NOTAIRE. En effet (*à Blanchard*), vous avez signé vous-même.

BLANCHARD, *se jetant sur le contrat*. Comment, c'était? quelle fourberie, rendez-moi ce contrat, que je le déchire... vous avez abusé...

STANISLAS. Demandez-moi mon sang, celui de votre ami... Tenez, rendez-moi donc un service, dites-moi son nom.

TOUS. Quel nom?

STANISLAS. De l'habit vert.

TOUS. Monsieur Gourdon!

STANISLAS. Ah! enfin... eh bien! Gourdon, bon! je vous donnerai celui de Gourdon, mais...

BLANCHARD, *avec colère*. C'est un piège horrible!

EUGÉNIE, *suppliant*. Mon père...

BLANCHARD, *la poussant*. Voulez-vous vous taire? d'ailleurs, ce contrat n'est pas valable, il n'y avait pas de témoins, ah!...

STANISLAS. Comment il n'y avait pas de témoins! vous êtes bon, beau-père, mais il y en avait, il y en a, seulement ils n'ont pas signé; mais laissez-moi faire, j'ai mon idée, je vais haranguer ces messieurs sur l'air d'*Yelva*!

AIR *d'Yelva.*

Chez les Germains...

BLANCHARD. Comment? comment? vous vous écartez.

STANISLAS. Je prends des détours...

Chez les Romains...

BLANCHARD. Allons, bon! les Romains à présent; vous me rappelez la Comédie Française. (*Il commence un fragment de tragédie, Stanislas l'arrête.*)

L'hymen, par une ruse adroite,
De son pouvoir augmente les effets,
De la main gauche et puis de la main droite
Il vous saisit en de doubles lacets.
Un seul lien chez nous est en usage;
Mais pour doubler son charme et son éclat,
De leurs deux mains, pour couronner l'ouvrage,
Tous les témoins paraphent le contrat,
Veuillez, messieurs...

BLANCHARD *l'interrompt à son tour en attaquant le chœur final.*

AIR *des Lanciers.*

ENSEMBLE.

Célébrons en ce jour
Cet heureux mariage,
Il faut que le plus sage
Cède enfin à l'amour.

FIN.

PARIS. — TYPOGRAPHIE MORRIS ET COMP., RUE AMELOT, 64.

www.ingramcontent.com/pod-product-compliance
Lightning Source LLC
LaVergne TN
LVHW020904200726
843508LV00003B/1329